JN434521

World Civic Forum 2009

미래대학 라운드테이블

미래대학 라운드테이블

World Civic Forum 2009

펴낸날 초판 1쇄 2010년 5월 20일

지은이 조인원 編
펴낸이 조인원
펴낸곳 경희대학교 출판문화원
출판설립 1960년 9월 16일 제5-8호
출판등록 1977년 11월 8일 제6-5호
주소 서울시 동대문구 회기동 1번지
전화 02-961-0106~8
팩스 02-962-8840
이메일 press@khu.ac.kr
홈페이지 www.khupress.com

ⓒ 2010 조인원

ISBN 978-89-8222-378-5 (03300)

World Civic Forum 2009

미래대학 라운드테이블

조인원 編

경희대학교 출판문화원

차례

미래대학 라운드테이블 일러두기

2009년 5월 5일, 경희대학교와 유엔 경제사회국DESA이 함께 추진한 '세계시민포럼 World Civic Forum 2009'는 대학과 국제기구, 세계시민사회연합체가 한자리에 모여 인류 평화, 지구 정의, 기후 변화와 같은 지구 의제를 논의한 포럼이다.

'우리의 아름다운 지구행성을 향하여 Building Our Humanitarian Planet'를 대주제로, 서울 코엑스에서 첫발을 내딛은 세계시민포럼 2009에서는 유네스코UNESCO, 유엔 NGO 협의체CoNGO, 세계시민단체연합회CIVICUS, 경제사회위원회 세계협회AICESIS, 프린스턴대학교, 펜실베이니아대학교 등 기관 파트너Institutional Partners가 조직한 총회의Plenary Sessions를 포함해 97개 주제별 회의가 열렸다.

개막식에는 대회의장 경희대 조인원 총장, 한승수 대한민국 총리, 샤 주캉 유엔 경제사회국 사무차장, 마쓰우라 고이치로 유네스코 총장을 대신한 한

스 도빌 유네스코 사무총장보, 홍석현 중앙일보 회장이 개회사와 축사를 맡았고, 리베라토 바우티스타 유엔 NGO 협의체 의장, 패트릭 벤투리니 경제사회위원회 세계협회 의장, 저우 치펑 베이징대 총장, 가와구치 기요후미 리쓰메이칸대 총장, 폴 케네디 예일대 석좌교수, 존 아이켄베리 프린스턴대 석좌교수 등 모두 57개국 3,000여 인사가 참석했다.

조인원 의장은 개회사를 통해 '역사문명 진보에도 불구하고 기아와 질병, 이념 충돌, 자원 고갈, 기후 변화 등 지구적 재앙이 여전히 풀어야 할 도전적 과제로 남아 있다' 며, 대학, 국제기구, 세계시민사회가 다자간 협력 체계를 구축해 '창조적인 대응책' 을 마련해야 한다고 강조했다. 샤 주캉 유엔 사무차장은 '이번 포럼이 세계시민의 공감을 이루고, 발전을 위한 시민 협약의 초석이 될 수 있을 것' 이라는 의견을 피력했다. 이와 함께 한승수 총리는 '세계시민포럼이 전 지구적 문제를 해결하는 의미 있는 자리' 임을 강조했고, 한스 도빌 유네스코 사무총장보는 '윤리학에 바탕을 둔 학제 간 고등교육' 을, 홍석현 중앙일보사 회장은 '인도주의적 가치 이행을 위한 세계시민포럼의 역할' 을 역설했다.

5월 6일과 7일 지속된 주제별 총회의는 전날 전체 회의에서 발의된 대주제인 '우리의 아름다운 지구행성을 향하여' 를 보다 구체적으로 논하는 자리였다. '제1총회의' 에서는 인류가 처한 현실을 반성적으로 성찰하고 공공 의식을 전제로 한 세계시민 가치를 회복하는 방안을 모색했다. '제2총회의' 는 공공 기관과 시민사회가 글로벌 이슈를 해결하는 데 필요한 글로벌 거버넌스의 새로운 가능성을 타진했다. '제3총회의' 는 국내외 석학, 전문가, 실천인이 참여해 지구 차원의 시민 행동에 대한 다양한 시각과 견해를 피력했다. 세계시민포럼은 5월 8일 '지구 의제의 공동 대처', '대학, 국제기구, 세계시민사회의 유기적 협력' 을 강조하는 '서울선언문' 을 채택하며 총 3,000여 명이 3박 4일 동안 참여한 대규모 국제회의의 막을 내렸다.

세계시민포럼 2009가 개최되는 동안 경기도 용인 소재 경희대학교 국제캠퍼스에서는 세계시민청년포럼World Civic Youth Forum이 열렸다. 경희대학교 재학생, 세계 청년 · 학생이 함께 기획한 세계시민청년포럼은 아시아, 북미, 아프리카, 유럽, 남미 등 전 세계 30여 개국 800여 청년 · 학생이 참여해 '인권과 평화, 개발과 환경, 양성 평등Gender과 문화 등 21세기 글로벌 이슈와 세계 청년 · 학생의 역할' 을 다뤘다. 세계 기성 지도자와 청년 ·

학생의 소통과 참여, 축제의 마당이기도 했던 이 회의 개막식에는 리베라토 바우티스타 유엔 NGO 협의체 의장이 기조연설자로 참석해 '세계 청년 · 학생이 지구와 인류의 문제를 성찰하고 해법을 제시하는 데 주체적인 역할을 해야 할 것' 이라고 강조했다.

이 책은 개회 첫날 개막식에 연이어 개최된 '미래대학 라운드테이블' 의 내용을 정리한 것이다. 세계시민포럼 2009의 서막 격인 이 원탁회의에는 가와구치 기요후미 일본 리쓰메이칸대 총장, 저우 치펑 중국 베이징대 총장, 샤 주캉 유엔 경제사회국 사무차장, 한스 도빌 유네스코 사무총장보, 리베라토 바우티스타 유엔 NGO 협의체 의장, 경희대 조인원 총장이 토론자로 참석해, 새로운 세계 질서 형성 과정에서 대학이 추구해야 할 비전과 가치를 다뤘다. 특히 '글로벌 시대', '글로벌 대학' 의 사회적 책임Social Responsibility, 지구적 존엄Global Eminence에 주목하며, 21세기 대학, 국제기구, 세계시민사회의 창의적 교류 협력과 미래대학의 교육 · 실천 철학을 논했다. 지구와 인류, 미래 문명의 새로운 가능성에 천착해온 세계 대학 총장과 국제 지도자의 눈을 통해 지구 의제, 인류 의제의 또 다른 가능성을 엿볼 수 있기를 희망한다.

참가자 프로필

조인원 Inwon Choue

경희대학교 제13대 총장 조인원 박사는 '삶과 정치의 미학적 공간'을 논해 온 정치학자다. 이성과 감성, 인간과 제도, 현실과 낭만의 창조적 결합을 통해 '현실 정치Real Politik'를 재구성하는 것이 그의 관심사다. '초월적 사회참여transcendental engagement'를 통해 인간 중심의 미래 사회를 구현하고, 이념적 대립과 갈등이 만연한 오늘의 현실 정치를 넘어서고자 한다. 학자 겸 실천가로 정부, 대중매체, 시민 사회, 국제기구에 다양한 의견을 제시해 왔다. 대통령직 인수위원회 국정지표심의위원회 전문위원(1997), 서울 NGO 세계대회 삼자공동추진위원회 한국 대표(1999), 글로벌 NGO 콤플렉스 기획위원회 위원장(2000), 세계시민포럼 2009 의장 등을 역임했다.

한스 도빌Hans d' Orville

1949년 독일 태생으로, 2007년 10월부터 유네스코 전략기획국 사무총장보로 활동하고 있으며 유엔 개혁 및 대외업무 부문 유네스코 대표다. 이와 함께 유네스코 · 다임러 몬디알로고 프로젝트와 양성 평등을 위한 유네스코 · 소니에릭슨 세계테니스협회 파트너십이라는 두 민관 협력 프로그램을 책임지고 있다. 1996년부터 2000년까지 유엔 개발계획국에서 정보통신 개발 분야를 담당했다. 아프리카지도자포럼ALF 집행위원, 인구와 삶의 질 독립위원회 고문, 산림과 지속가능개발독립위원회 고문, 발렌시아 테르세르 밀레니오 프로그램의 선임 고문으로 활동했다. 독일 콘스탄츠대학교에서 경제학 석사와 박사 학위를 취득했다.

가와구치 기요후미Kawaguchi Kiyofumi

2007년부터 리쓰메이칸대학교 총장직을 맡고 있다. 정책학부 · 정책학대학원 학장, 공공 · 협력경제연구를 위한 재팬소사이어티 재단 이사를 역임했다. 정책학부 · 정책학대학원이 설립된 1990년대 중반 이래 계속 재직해왔다. 교토대에서 경제 · 사회 체제와 경제 환경 및 정책학을 전공하여 경제학 박사 학위를 취득했다. 현재 국제 제3섹터 연구협회와 공공 · 협력경제연구를 위한 재팬소사이어티, 일본사회경제체제학회 소속이다.

샤 주캉Sha Zukang

직업 외교관이며 2007년 7월부터 유엔 경제사회국 사무차장으로 재직 중이다. 유엔 경제 · 사회집행위원회 의장직도 겸임하고 있다. 다자기구와 국제컨퍼런스에서 다양한 경험을 쌓았으며 인권위원회 유사입장국모임 조정관(2004~2007), 제11차 유엔 무역개발회의 준비위원회와 전체위원회 의장(2003~2004), 무역개발이사회와 제50차 유엔 무역개발회의 의장, 국제노동기구 집행이사회 정부그룹 의장(2002~2003), 유엔 사무총장의 군비감축 자문위원(1994~1999) 등 주요 직책을 두루 역임했다. 이 밖에도 군비 통제, 무역, 지적 재산, 사회 문제, 통신과 관련된 다양한 국제 컨퍼런스에서 회장, 부회장, 의장, 조정관, 자문으로 활동했다.

저우 치펑 Zhou Qifeng

2004년부터 2008년까지 중국 지린대학교 총장을 지내다 2008년 11월 베이징대학교 총장으로 임명되었다. 중국과학원 화학 부문 상임위원회 부위원장이다. 고분자 합성과 액정고분자 및 특수고분자에 관심을 두고 있으며, 교수이자 연구자로서 많은 상을 수상했다. 중국과학원 원사院士이며 국가교육위원회와 인사부로부터 '국가유망귀국인재상'을 받고(1997) 베이징대와 베이징 시 정부로부터 우수교수 최우수상을 받았다. 베이징대에서 고분자화학 학사 학위를 받은 후 베이징대 교수로 재직해왔으며 미국 매사추세츠 애미스트대 고분자과학 · 공학과에서 과학 석사와 박사 학위를 취득했다.

리베라토 바우티스타Liberato Bautista

유엔 NGO 협의체CoNGO 의장으로, 세계 각지에서 평화 및 인권 옹호와 관련하여 다양한 경력을 쌓았으며 필리핀을 비롯한 아시아 지역에서 인권 활동을 펼쳤다. 필리핀에서 정치학, 역사학, 국제관계학을 전공했으며 미국 뉴저지 주 매디슨 소재 드류대학교에서 기독교적 사회 · 정치 윤리를 중심으로 종교와 사회를 연구하고 박사 학위를 취득했다. 국제 문제와 국제 관계, 유엔과 국제기구, 사회 · 정치 윤리, 신학과 종교, 인권과 인간 존엄성, 평화와 갈등 전환 등 다양한 분야에서 저술과 강연 활동을 벌이고 있다.

염재호 Jaeho Yeom

'미래대학 라운드테이블' 사회를 진행한 염재호 박사는 미국 스탠포드대학에서 정치학 박사 학위를 받고 1989년부터 고려대학교 행정학과에서 가르치고 있다. 과학기술 정책에 관심을 갖고 행정이론, 정책과 제도, 일본 행정, 미래 사회와 조직 등을 강의하고 있다. 일본 쓰쿠바대학의 '시민사회 구조와 거버넌스 국제비교연구' 프로젝트에 십여 년간 공동연구원으로 참여하고 있다. 일본 쓰쿠바대학 외국인 연구교수, 중국 인민대학 객좌교수, 호주 그리피스대학 객원교수, 영국 브라이튼대학 CENTRIM 객원연구원으로 일한 경험이 있다. 고려대학교 기획예산처장과 국제교육원장 등을 역임했고, 현재 한국고등교육재단 이사와 한국연구재단 BK운영위원, 외교부 정책자문위원 등의 일을 맡고 있다. 최근에는 서울시 소재 47개 대학의 산학협력단 연합체인 서울시 산학협력포럼의 회장과 과학기술 정책 국제 학술지 *Asian Research Policy*의 편집위원장을 맡고 있다.

01

21세기 문턱에서

사회자 오늘 미래대학 라운드테이블을 진행하게 되어 영광입니다. 특별히 경희대학교 개교 60주년을 맞아 각국에서 오신 저명인사들을 모시고 미래 대학에 관해 논의하는 귀한 자리를 마련했습니다.

먼저 오늘 나오신 분들을 소개하겠습니다. 제 왼쪽부터 한 분씩 소개합니다. 유네스코의 한스 도빌 사무총장보님 나오셨습니다. 옆에 일본 리쓰메이칸대학 가와구치 기요후미 총장님 나오셨습니다. 그 옆에 경희대학교 조인원 총장님 나오셨습니다. 다음으로 유엔 경제사회국의 샤 주캉 사무차장님 나오셨습니다. 그 다음으로 중국 베이징대학교 저우 치펑 총장님 나오셨습니다. 끝으로 유엔 NGO 협의체 리베라토 바우티스타 의장님 나오셨습니다.

〈미래대학 라운드테이블〉 경희대학교와 유엔 경제사회국이 공동 주최한 세계시민포럼의 주요 세션 중 하나인 '미래대학 라운드테이블'.

미래대학 토론은 크게 세 가지 주제로 진행하겠습니다. 우선 '20세기에 대학은 세계를 위해 어떤 일을 수행해왔는가, 또 20세기 후반 세계가 급격히 변화하는 가운데 대학은 과연 어떤 역할을 했는가'를 먼저 정리해보겠습니다. 두 번째로 '21세기에 들어서면서 대학이 급격한 변화를 요구받고 있는데, 학생들을 어떻게 교육하여 세계 차원의 사회 문제를 풀어나가도록 할 것인가'를 논의해보겠습니다. 세 번째로, 이 자리에 유엔 NGO

협의체 의장님이 나오셨습니다만, 유엔이나 전 세계 NGO 단체들 그리고 다양한 기관들이 세계적인 문제를 풀고자 노력하고 있는데, '대학과 국제 기구, 사회 단체들이 어떤 네트워크와 관계로 21세기 인류의 문제를 풀어 나갈 것인가' 에 대해 이야기를 나눠보겠습니다.

21세기는 여러분도 잘 아시다시피 지구화 시대입니다. 지구화 시대에는 여러 문제가 한 나라에 국한되지 않고 서로 연결돼 있습니다. 인류 역사를 문명사적으로 살펴보면 수렵 사회가 1만 년 정도 지속되었고, 농경 사회가 3,000여 년, 산업 사회가 300여 년, 대량 생산 체제 사회가 100여 년 정도 순차적으로 발달해오다 20세기 말부터 30여 년간 정보 사회가 존재했습니다. 이제 21세기는 지식 사회로 접어든다고 합니다. 새로운 변화의 조짐 가운데 우리 인류가 변화를 모색하는 중이라고 볼 수 있습니다.

그런데 전 세계를 돌아보면 기근이나 환경 문제 등 다양한 사회 문제들이 나타나고 있습니다. 20세기 후반부터 NGO 단체들이 이 문제를 해결하기 위해 많은 노력을 기울여왔습니다. 그리고 '대학은 과연 무엇을 했는가' 하는 문제의식에 따라 경희대학교가 개교 60주년을 맞아 오랜 준비를 거쳐 세계시민포럼WCF이라는 자리를 마련했습니다.

본격적인 토론에 앞서 세계시민포럼을 유엔과 함께 오랫동안 고민하면서 준비해온 이유가 무엇인지, 또 앞으로 어떤 방향으로 세계시민포럼을 이끌어나갈 것인지, 조인원 총장님의 말씀을 들어보겠습니다.

조인원 세계시민포럼 창립 취지는 조금 전 사회자께서 말씀하신 내용에 상당 부분 포함돼 있습니다. 오전에 기조연설을 해주신 샤 주캉 사무차장님도 언급해주셨습니다. 한마디로 요약하면 세계시민포럼은 지구 의제를 설정하고 이를 논의하는 국제회의입니다. 지구 의제는 여러 가지가 있습니다. 빈곤과 기아, 불평등, 인권, 평화, 폭력과 전쟁, 자원 고갈, 기후 변화 문제 등 매우 다양합니다. 최근 이에 관한 논의는 활발하게 진행되고 있습니다. 그러나 정작 글로벌 이슈와 일반 시민의 구체적 삶 간에는 괴리가 있습니다. 인류의 보편 의제와 개인적 욕망, 선호 체계의 충돌이 여전히 풀어야 할 과제로 남아 있습니다. 세계시민포럼은 역사문명의 주체인 국제기구와 대학, 시민사회와 기업이 함께 지혜를 모아 이 문제를 풀어보자는 취지에서 출발했습니다. 범지구적 의제

세계시민포럼은 빈곤과 기아, 불평등, 인권, 평화, 폭력과 전쟁, 자원 고갈, 기후 변화 문제 등 범지구적 의제를 국가와 사회, 지역과 개인 문제로 인식해 이를 함께 풀어가는 방법을 고민하는 장입니다.

〈세계시민포럼 2009〉 기아, 질병, 환경 등 범지구적 의제를 국가와 사회, 지역과 개인 문제로 인식하고 이를 함께 풀어 가는 방법을 모색하는 세계시민포럼 2009 개막식 장면.

를 국가와 사회, 지역과 개인 문제로 인식해 이를 함께 풀어가는 방법을 모색하는 장이 세계시민포럼입니다.

사회자 말씀 고맙습니다. 그럼 이제 본격적인 토론에 들어가겠습니다. 제가 서두에 말씀드렸던 대로 21세기 들어 기아, 질병, 빈곤, 환경, 기후 변화 등 다양한 문제가 우리 앞에 다가와 있습니다. 요즘 신종플루가 세계적인 이슈가 되고 있는데, 이런 문제를 유엔이나 유네스코 등 국제기관과 대학들이 어떻게 풀어갈지 좀 알아봐야 할 것 같습니다.

우리에게 닥친 새로운 위기는 어디서 비롯하는가

사회자 20세기는 인류가 이제까지 경험하지 못했던 민주화와 경제 발전, 과학 기술 발달을 이룬 시기였습니다. 그런데도 새로운 위기들이 닥치고 있습니다. 이 위기의 원인은 무엇이고, 또 여러분이 속해 있는 각 기관에서는 이 위기에 대해 어떤 방식으로 고민하고 계신지요. 먼저 유엔 경제사회국의 샤 주캉 사무차장님께 여쭙겠습니다.

샤 제가 모든 문제에 대한 답을 알고 있었다면 유엔의 사무총장은 반기문 씨가 아니라 제가 되어야 했을 것입니다. 지금 지구에는 여러 위기 상황이 존재하며 국제 사회 역시 이 위기를 극복하는 데 많은 노력을 기울이고 있습니다. 위기를 해결하려면 먼저 위기를 초래한 원인을 분석해야 합니다. 이를 통해 문제의 정체를 파악한 뒤 문제들을 해결하는 데 힘써야 합니다.

모두 아시다시피 현재 국제 사회는 연속적인 위기를 경험하고 있습니

유엔에서 내놓은 프레임워크 보고서는 식량난 해결을 위한 즉각적, 중기적, 장기적 행동 방안을 말해줍니다.

다. 지난해 가장 큰 문제는 식량난이었습니다. 식량난은 아직도 해결되지 않은 상태입니다. 유엔은 식량 문제와 관련해 상당히 훌륭한 보고서를 내놓은 바 있습니다. 일명 프레임워크 보고서인데, 이 보고서는 식량난 해결을 위한 즉각적, 중기적, 장기적 행동 방안을 말해줍니다. 저는 이 보고서의 제안이 실행되기를 바랍니다.

둘째로 식량 위기에 이어 에너지 위기가 있습니다. 어쩌면 에너지 파동이 식량 위기보다 앞서 발생했다고 해야 옳을 것입니다. 과연 에너지 문제를 어떻게 해결해야 할까요? 우선 심각한 에너지 병목 현상을 고민해야 합니다. 인류는 기본적인 에너지원으로 화석 연료를 사용했는데, 화석 연료는 무한하게 존재하는 자원이 아니며 재생할 수도 없습니다. 따라서 언젠가 모든 보존 에너지 자원은 고갈될 것입니다. 이 문제에 대처하려면 무엇보다도 사용 가능한 모든 연료를 활용하되 환경에 해를 끼치지 않는 청정에너지에 눈을 돌려야 합니다. 우리는 청정한 자원을 사용하고자 심혈을 기울이고 있습니다. 한국 정부도 이를 위해 녹색 성장이라는 좋은 발상을 내놓았지요. 에너지 문제에서 녹색 성장은 국제 사회의 해법이 될 것입니다. 인류는 친환경적으로 생각하고 행동해야 하며, 이를 실행하기 위한 다층적이면서 엄격한 메커니즘을 도입해야 합니다.

인류는 친환경적으로 생각하고 행동해야 하며, 이를 실행하기 위한 다층적이고 엄격한 메커니즘을 도입해야 합니다.

국제 사회는 식량난과 에너지 위기를 채 극복하기도 전에 기후 변화 문제까지 동시에 겪고 있습니다. 기후 변화는 인류의 존망을 결정할 수도 있는 위기입니다. 뿐만 아니라 지체할 시간이 없는 상태입니다. 개인적으로 저는 이 위기에 대처하는 방안으로 두 가지가 있다고 생각합니다. 먼저 교토의정서Kyoto Protocol나 유엔기후변화협약UNFCCC 또는 프레임워크협정Framework Agreement과 같은 국제 협약을 준수하는 것입니다. 우리는 체결된 국제 조약들이 실행되도록 해야 합니다. 동시에 새로운 협약을 체결하기 위한 협상을 신속히 진행해야 합니다. 발리 로드맵Bali Roadmap에 따라 올해 12월까지 모든 협상을 완료해야 합니다. 우리에게는 선택의 여지가 없고 지체할 시간도 없습니다. 대책 없이 낙관적이어서도 안 되고 경제 불황을 핑계로 책임을 회피해서도 안 됩니다. 세상이 변해 이제 신흥 개발국이 문제다, 그러니 선진국은 책임감을 훌훌 털어버려도 된다고 생각해서는 안 됩니다. 선진국이 앞장서고 동시에 개도국도 문제 해결에 참여해야 합니다. 공동의 책임을 이행하는 데 각자의 몫을 다하는 것이 원칙이라고 봅니다. 기후 변화 문제는 '지속 가능한 발전' 이라는 틀 안에서 해결 방안을 추구해야 할 것입니다. 이 문제를 단순히 환경 문제로 보아서는 안 됩니다. 기후 변화 문제는 환경 문제만도 아니고 온실 가스 배출량과만 관련 있는 문제도 아닙니다. 기후 변화는 바로 지속 가능한 발전의 문제입니다.

그리고 금융 위기가 있습니다. 금융 위기는 그 어느 위기 상황보다 더욱 심각한 수준입니다. 바로 오늘만 해도 경제 불황의 밑바닥이 보이지 않는다는 언론 보도가 있었습니다. 유럽의 경제 상황은 여전히 악화일로를 걷고 있습니다. 이미 G20 정상회의가 두 번이나 열렸고 정상들이 다양한 아이디어를 내놓았습니다. 저는 각국 정상의 합의 내용이 실행되기를 진심으로 바랍니다. 각 정상들이 자신의 발언과 약속 그리고 국제 사회의 믿음과 기대를 기억하길 바랍니다. 오는 6월에 현재의 경제 위기, 그리고 이 경제 위기가 개발에 미칠 영향을 논의하는 정상급 회담이 열릴 예정입니다. 이를 위해 준비 작업이 바쁘게 이루어지고 있는 것으로 압니다. 이번 정상회담의 결과로 일련의 권고 사항이 제시되기를 바랍니다.

복잡한 많은 문제를 풀 간단명료한 해결 방안은 없다고 생각합니다. 하

〈금융 위기〉 악화일로를 걷는 세계 금융 위기, 각국 정상들의 협의가 필요하다.

지만 저는 희망을 품고 있습니다. 중국어로 위기를 '웨이지' 라고 하는데, 이는 '위기 또는 위험' 을 뜻하는 'wei危' 와 '기회' 를 뜻하는 'ji機' 로 구성된 단어입니다. 저는 현재의 여러 문제 상황이 문제의 원인을 되짚어보는 기회일 뿐 아니라, 앞으로 이와 같은 상황이 재발하지 않도록 미연에 방지할 수 있는 기회라고 생각합니다.

02

글로벌 시대 —도전과 대학

사회자 샤 주캉 사무차장께서 식량, 에너지, 기후 변화 그리고 경제 위기에 대해 이야기해주셨습니다. 이 모든 문제가 이미 세계적인 이슈가 되어 있습니다. 그러면 이제 한스 도빌 사무총장보님, 유네스코에서는 어떤 생각을 갖고 있는지, 또 이 위기에 대해 지금 나온 것 말고도 새로운 아이디어가 있는지 들려주십시오.

글로벌 지식 사회를 어떻게 꾸릴 것인가

도빌 물론 아이디어는 많습니다. 그러나 어떤 아이디어가 문제를 해결하는 데 가장 적절하고 효율적인지 검토해야 합니다. 현재 상황은 여기저기에 지식이 존재하는 상태입니다. 지식이 여기저기 흩어져 있는 것입니다. 우리가 가장 먼저 해야 할 일은 수용적이고 다양성이 있는 글로벌 지식 사회를 구축하는 것입니다. 이런 지식 사회 차원에서 우리 시대의 여러 위기에 어떻게 대처할 것인지 함께 살펴봐야 합니다. 빈곤, 식량난, 기후 변화, 의사소통, 상호 이해 문제 등에 대한 대책을 마련해야 합니다. 이는 비단 국제기구에 국한된 문제가 아닙니다. 대학이나 시민 사회에 국한된 문제도 아닙니다. 우리 모두의 문제입니다.

수용적이고 다양성이 있는 글로벌 지식 사회를 구축하여 우리 시대의 여러 위기에 어떻게 대처할 것인지 함께 살펴봐야 합니다. 빈곤, 식량난, 기후 변화, 의사소통, 상호 이해 문제 등에 대한 대책을 마련해야 합니다.

국제기구의 임무는 한 가지입니다. 국제 협력과 합의를 이끌어내는 일입니다. 또 모든 국가가 지킬 수 있고, 또 반드시 지켜야 할 정책을 만들기도 합니다. 반면에 대학은 학문 연구를 합니다. 대학은 다양한 학문 분야를 아우르는 수용적인 연구 기관이 되어야 합니다. 이를 위해 대학들은 상아탑 속의 상아탑을 무너뜨려야 합니다. 한 개의 대학이 하나의 상아탑이라고 볼 때 우리는 한 대학 안에서도 상아탑이 스무 개, 아흔아홉 개씩 존재하는 것을 목격하곤 합니다. 각각의 상아탑에서는 상호 소통하려는 노력도 하지 않습니다. 벽을 제거하는 것이야말로 세계화되고 상호 의존하는 미래 사회를 준비할 수 있는 방법입니다.

〈소통〉 미래 사회는 인종, 국경 등의 벽을 허물고 상호 소통의 장을 마련해야 한다.

우리는 세계화를 통해 서로가 얼마나 의존적인지 다시 한 번 인식하게 되었습니다. H1N1 신종플루는 세계화 시대의 역설을 보여줍니다. 신종플루가 이렇게 급속도로 세계 각지에 확산된 까닭은 세계화 그리고 상호 의존성 때문입니다. 국가 간의 상호 의존성의 고리를 끊어야만 신종플루를 통제할 수 있을지도 모르겠습니다. 하지만 제 말의 핵심 메시지는 모든 당사자, 대학, 정부, 민간 기업 그리고 시민 사회가 글로벌 지식 사회를 구축하는 데 서로 이바지해야 한다는 것입니다. 돈과 인맥으로 뒷받침된 특권층에게 한정되지 않은, 총체적인 글로벌 지식 사회를 건설하는 데 일조해야 합니다.

모든 당사자, 대학, 정부, 민간 기업 그리고 시민 사회가 글로벌 지식 사회를 구축하는 데 서로 이바지해야 합니다. 돈과 인맥으로 뒷받침된 특권층에게 한정되지 않은, 총체적인 글로벌 지식 사회를 건설하는 데 일조해야 합니다.

사회자 지식 사회라고 불리는 21세기의 세계 이슈에 대해 유엔뿐만 아니라 국제기구, 대학들이 협력하여 문제를 풀어야 한다는 요지에 공감합니다. 좋은 말씀 감사합니다. 다음으로는 유엔 NGO 협의체 바우티스타 의장님께 여쭤보겠습니다.

시민 사회는 무엇을 할 수 있는가

바우티스타 저는 지금까지 거론된 문제들의 원인에 다양한 방법으로 접근할 수 있다고 생각합니다. 빈곤, 비인간화, 그리고 지구를 비롯한 우주 파괴의 문제는 우리 사회에 아주 오래 전부터 있어왔다는 점에서 시대를 초월한 문제라고 하겠습니다. 그런데 기술 발전은 굉장히 빠른 속도로 진행되는 반면 이에 대응하는 우리의 태도는 그만큼 빠른 발전을 보이지 못했습니다.

유엔의 전 사무총장께서는 이 문제를 해결하기 위해 '새천년개발목표'와 같은 프레임워크를 발의하고 세계 국가들이 이에 합의할 것을 촉구했습니다. 실제로 '새천년개발목표'는 최악의 기아 문제를 해결하고자 만들어진 대표적인 협약입니다. 그런데 저는 '새천년개발목표'와 관련된 일을 하는 동료를 만나면 '새천년개발목표'가 최악의 기아 문제와 관련해 무엇을 해결했는지 토론을 벌이곤 합니다. 도빌 박사님의 표현을 빌리면 '새천년개발목표'의 '역설'은 이 개발 계획이 결국 극빈층을 일반 빈곤층으로 끌어올린 것뿐이라는 점입니다. 그런 점에서 '새천년개발목표'를 통해 빈곤 문제를 해결하겠다고 나서는 것은 부끄러워해야 할 일이라고 생각합니다. 그런데도 '새천년개발목표'의 실행을 촉구하는 것은 문제 해결을 위한 기반이 아니라 닿기 어려운 희망의 목표일 뿐이라고 말하고 싶습니다.

시민 사회가 할 수 있는 것은 공공 정책이나 재원 지원을 위한 입안이 적절하게 이뤄지도록 감독하는 일입니다.

시민 사회가 할 수 있는 것은 공공 정책이나 재원 지원을 위한 입안이 적절하게 이뤄지도록 감독하는 일입니다. 시민 사회를 구성하는 대다수 사람들은 정책 결정을 내릴 권한이 없습니다. 그러나 시민들이야말로 기후 변화를 체험하고 가장 전염성 높은 질병에 노출되어 있는 당사자들입니다.

사회자 말씀 고맙습니다. 여러 이슈에 대해 국제기구들이 깊이 고민하고, 또 문제를 풀려는 노력도 많이 하는 것 같습니다. 그러면 대학에서는 이런 문제를 어떻게 고민하고 해결하고자 노력하는지, 먼저 일본 리쓰메이칸대 가와구치 총장님께 여쭤보겠습니다.

가와구치 대학의 가장 큰 특징은 사회에 속해 있으면서도 상대적으로 사회에 대한 의사 결정을 독립적으로 할 수 있는 기관이라는 점입니다. 물론 대학도 사회의 한 기관이기 때문에 여러 사회의 영향을 받게 됩니다. 그러나 기업의 입장도 정부의 입장도 아닌, 과학적 진리와 휴머니즘 입장에서 인류의 미래를 책임지는 것이 대학의 가장 중요한 존재 이유라고 저는 생각합니다.

기업의 입장도 정부의 입장도 아닌, 과학적 진리와 휴머니즘 입장에서 인류의 미래를 책임지는 것이 대학의 가장 중요한 존재 이유입니다.

그런 입장에서 이제 대학은 인류의 미래와 관련해 어떤 일을 해야 하는지 고민해야 합니다. 조금 전에 지적하신 것처럼 대학은 실제로 19세기 이후 여러 가지 과학적 전통에 매여 있다고도 할 수 있고, 또 제도적인 역사에 매여 있다고도 할 수 있습니다. 이제 그런 굴레에서 벗어나야 합니다. 인류의 미래를 향해, 우리가 방금 이야기한 다양한 문제들을 해결하는 데 필요한 연구와 인재 양성, 그리고 이를 위한 사회 체제를 이루는 일에 대학이 힘을 기울여야 합니다.

사회자 말씀 고맙습니다. 20세기에는 대학이 과학 기술을 통해 사회의 여러 문제를 해결해가는 데 도움을 주었다면 문제가 더 복잡해진 오늘날에는 특히 인재 육성이나 사회 시스템 구축과 관련해 대학의 역할이 필요하다는 지적을 해주셨습니다. 경희대 조인원 총장님께도 한 말씀 여쭙겠습니다. 이런 문제를 어떻게 풀어가는 것이 바람직할까요?

대학 사회는 지구 의제를 어떻게 풀어갈 것인가

조인원 넓게 보면 조금 전 가와구치 총장님 말씀과 같은 맥락입니다. 사회적 이슈와 지구 의제는 사안에 따라 원인이 각기 다릅니다. 그러나 이를 만들어내는 것은 결국 사람입니다. 사람의 행위가 여러 사회적 부작용이나 지구 차원의 문제를 만들어냅니다. 언제나 사람이 관건입니다. 사람

문제를 이해하려면 의식과 행위의 준거, 문화와 제도를 이해하는 것이 중요합니다.

이런 점에서 보면 대학 사회가 국제기구나 시민 사회와 협력해 글로벌 이슈를 풀어나가는 방법은 지식 사회 특유의 보편성에서 찾을 수 있습니다. 인간주의, 인본주의에 바탕을 두고 사람의 의식과 행동의 결과가 야기하는 사회 현상을 근본적으로 성찰해야 합니다. 기아, 질병, 인권, 평화, 폭력, 환경, 기후 변화 같은 지구와 인류 문제의 저변에는 우리가 어떤 패러다임을 통해 사회적 삶을 영위하고 있나 하는 기본적이면서도 총제적인 문제가 망라돼 있습니다. 인류와 지구의 미래를 생각할 때 대학 특유의 지성과 의식, 가치와 문화가 중요한 역할을 할 수 있다고 봅니다.

대학 사회가 국제기구나 시민 사회와 협력해 글로벌 이슈를 풀어나가는 방법은 지식 사회 특유의 보편성에서 찾을 수 있습니다. 인간주의, 인본주의에 바탕을 두고 사람의 의식과 행동의 결과가 야기하는 사회 현상을 근본적으로 성찰해야 합니다.

한마디 덧붙이자면 대학 사회는 산업화 추세와 함께 주제 중심적이고 기능적인 지식 체계를 강조해왔습니다. 산업 혹은 시장 중심적인 학술적

담론 생산이 기능화, 전문화 추세를 강화해왔습니다. 그러나 앞으로 사회와 지구 의제를 다룰 때는 기능적이고 전문적인 목표 못지않게 우리가 어떤 가치를 지향하며 어떤 의식과 행동을 만들어낼 것인지가 매우 중요하다는 사실을 강조하고 싶습니다. 인간적 측면이 결여된 성장과 진보 논리는 '사려 깊은' 발전 가능성을 저해합니다. 지구적 안위를 돌보지 않는 발전 논리는 물리적 삶의 조건인 환경과 자원을 위협합니다. 평화롭고 풍요로운 우리들의 공유된 미래는 인류와 지구 차원의 반성적 성찰에서 비롯됩니다. 이것이 대학 사회가 지향해야 할 가치입니다. 국제기구, 기업, 시민 사회와 손을 맞잡아야 할 이유입니다.

대학의 기본은 학문입니다. 학문은 사람을 위해 존재해야 합니다. 사람과 삶의 조건을 존중하고, 보다 나은 우리의 미래를 위해 문명의 변화를 모색하는 것이 대학의 궁극적 목표일 것입니다.

사회자 대학이 지구 의제에 대해 휴머니즘과 보편성을 토대로 접근해야 하고, 학생들에 대한 교육 역시 변화해야 한다는 이야기를 해주셨습니다. 베이징대학교의 저우 치펑 총장님께도 한 말씀 부탁드립니다.

〈대학 교육〉 미래 사회 인재 양성소로서 대학의 기능은 더욱 강화되고 있다. '나의 삶과 현대 나노기술에 대하여' 라는 주제로 대학의 물리 교육의 중요성을 강의하는 독일의 노벨 물리학상 수상자 폰 클리칭 교수.

저우 두 총장님께서 말씀하신 의견에 저 역시 동의합니다. 현재 우리가 직면한 문제는 전 지구에 걸친 문제입니다. 전 지구적 문제는 각 국가의 국민들이 공동으로 해결해야 합니다. 대학은 전 세계의 모든 문제를 해결할 수는 없지만 문제를 해결하는 데 공헌할 수는 있습니다.

대학의 첫 번째 기능은 인재 배출입니다. 그러므로 앞으로 우리가 배출하는 인재는 지구 차원의 일에 더 관심을 가져야 합니다. 자기에게 관심을 가질 뿐 아니라 전 세계를 반드시 고려해야 합니다. 자신의 '현재'에 관심을 가질 뿐 아니라 인류의 후세, 또 그 후대에도 관심을 기울여야 합니다. 이러한 교육적 시각에서 출발해 우리 학생들이 세계적 문제를 중시하고 미래에 더 많이 관심을 가지며 현재와 미래의 일, 개인과 주변의 문제는 물론 전 지구적 문제까지 잘 해결하도록 교육시켜야 합니다.

대학은 전 세계의 모든 문제를 해결할 수는 없지만 문제 해결에 공헌할 수는 있습니다. 대학의 기능은 인재를 배출하고, 과학 기술을 비롯해 다양한 분야에서 연구 활동을 펼치는 것입니다. 대학은 가장 기본적인 역할만 수행해도 사회에 공헌하는 것입니다.

대학의 또 다른 기능은 과학 기술을 비롯해 다양한 분야에서 연구 활동을 펼치는 것인데, 이 점에서도 대학은 중요한 기능을 발휘할 수 있습니다. 가장 기본적인 역할만 수행해도 사회에 공헌하는 것입니다. 예를 들면 배고픈 사람은 음식을 먹어야 하며 병든 사람은 치료를 받아야 합니다. 우리는 과학 연구를 통해 농작물의 생산량을 늘리고 품질도 더 높여 많은 사람에게 먹을거리를 제공할 수 있습니다. 또한 과학 연구를 통해 의약의 효력을 높이고 의료 기술을 더 선진적으로 정확하게 발전시켜 질병을 더 잘 치료할 수 있습니다. 대학의 이런 기본 기능들은 여전히 성실히 수행되어야 합니다. 아울러 연구에 임할 때는 학술적 연구에 덧붙여 현실에서 일어나는 문제들에도 많은 관심을 가져야 합니다.

사회자 말씀 고맙습니다. 교육과 연구를 나누어 이야기해주셨습니다. 인재들이 인류와 미래의 관점에서 교육을 받아야 하고, 또 대학의 학문적 지식과 연구 내용이 전 세계 문제를 해결하는 데 도움을 줘야 한다는 말씀을 해주셨습니다. 국제기구에서 일하시는 분들, 그리고 대학교 총장님들의 말씀을 들어보니 21세기에 들어서면서 대학은 어쩔 수 없이 세계 차원의 문제를 풀어야 하는 하나의 중요한 행위자가 된 것 같습니다.

이제 다음 주제로 넘어가겠습니다. 대학은 20세기까지 다양한 형태로 인류 발전에 공헌해왔지만 이제는 새로운 도전에 직면해 있습니다. 그러면 대학이 과연 어떤 교육과 연구를 통해 21세기 사회의 변화에 대응할 것인지 짚어보겠습니다.

03

미래대학의 비전, 가치 그리고 철학

대학의 기능은 시대에 따라 변해왔고, 20세기에는 경제와 정치 발전을 위해 다양한 형태로 공헌해왔습니다. 21세기에는 과연 어떤 비전과 철학으로 시대의 요구에 응해야 할까요?

사회자 대학이 그동안 인류의 미래를 위해 또 인류의 갖가지 문제를 풀기 위해 노력하지 않은 것은 아닙니다. 보편적인 가치를 추구하고 또 신학적인 관점에 제한되어 있던 족쇄들을 풀어냄으로써 과연 진리가 무엇인지를 탐구해온 것이 대학의 역사라 할 수 있습니다. 대학의 기능은 시대에 따라 변해왔습니다. 20세기에는 대학이 경제 및 정치 발전을 위해 다양한 형태로 공헌했으며, 특히 과학 기술의 발전을 통해 기여한 바는 굉장히 크다고 볼 수 있습니다. 그렇다면 21세기에는 대학이 어떤 비전과 철학으로 시대의 요구에 응해야 할까요?

앞에서 지적하신 문제점들을 고려할 때 대학이 추구해야 할 비전과 가치, 철학은 과연 무엇이어야 하는지, 함께 고민을 나눠보겠습니다. 먼저 유네스코에서 오신 한스 도빌 사무총장보님께 여쭤보겠습니다.

미래대학이 추구해야 할 가치와 철학은 무엇인가

도빌 오전에 이미 윤리와 가치관의 중요성에 대해 언급한 바 있습니다. 가치 중에 가장 중요하고 포괄적인 가치는 평화에 대한 교육입니다. 대학은 평화적인 접근 방법을 제시하는 데 기여할 수 있고, 전형적으로 반복되는 사태를 평화적인 상황에서 연구할 수 있어야 합니다.

또 다른 하나는 상호 이해에 대한 교육입니다. 평화는 서로 다른 문화, 서로 다른 사람들이 얼마나 서로 이해할 수 있는가에 따라 좌우됩니다. 상호 이해와 포용이 중요합니다. 이 점을 어떻게 하면 젊은 세대에게 교육할 수 있을까요? 열쇠는 다양성입니다. 문화적 다양성 그리고 서로 다른 습관, 서로 다른 접근 방식, 서로 다른 견해를 존중하는 법을 배워야 합니다. 사람들이 저마다 다른 시각을 가지고 있음을 받아들이는 것이 출발점입니다. 이를 위해서는 포용력이 중요합니다. 사람들은 언제나 다른 누군가를 그대로 받아들이기보다는 자신의 영역으로 끌어들이려는 경향이 있습

〈다양성〉 상호 이해와 포용력을 키우는 대학 교육은 다양성을 존중하는 문화를 낳는다.

니다. 하지만 경직된 마음보다는 열린 마음의 자세가 가치 있으며, 결국 이런 행동이 보답을 받을 것이라고 생각합니다. 개인적으로 저는 경직된 태도를 가진 사람들을 이해하기 어렵습니다. 수용적인 사회에 장점이 있다면 그것은 사람을 위해주는 사회일 것이라는 점입니다.

물론 이 모든 것은 윤리로 귀결됩니다. 그렇다면 윤리 문제에 어떻게 접근할 수 있을까요? 윤리는 이데올로기와 밀접한 관계가 있습니다. 가령 한 이데올로기를 추종한다고 할 때 시장은 그 이데올로기를 따르기만 할 뿐 시장을 지배하는 윤리에 대해 그다지 생각하지 않습니다. 때문에 이데올로기의 역사를 돌아보고 이데올로기가 우리 사회에 어떤 영향을 끼쳤는지를 살펴보면 다음 세대에 어떤 윤리를 가르쳐야 할지 알 수 있습니다. 이 점이 제가 말씀드리고 싶은 부분입니다. 물론 앞에서 언급했듯이 언제라도 다른 측면의 접근, 다른 시각을 수용할 준비도 되어 있습니다.

모든 것은 윤리로 귀결되고 윤리는 어떤 면에서 이데올로기와 밀접한 관계가 있습니다. 때문에 이데올로기의 역사를 돌아보고 이데올로기가 우리 사회에 어떤 영향을 끼쳤는지를 살펴보면 다음 세대에 어떤 윤리를 가르쳐야 할지 알 수 있습니다.

우리가 기후 변화 문제에 대한 해결 방안을 모색할 때 만약 과학적 측면에서만 해결책을 찾는다면 결국 복사판처럼 동일한 대책만 반복하게 될 것입니다. 사람들을 교육도 하고 또 다른 획기적인 해결 방안도 모색해야 합니다. 이런 점에서 학제 간 연구가 필요한데, 일반적으로 대학의 연구 방식은 이와 다릅니다. 흔히 대학들은 한 영역 안에서 연구할 때만 최상의 성과를 거둘 수 있다고 여기거든요.

사회자 상당히 중요한 지적을 해주셨습니다. 어떤 이데올로기나 기술 등 한 분야에 매이기보다는 그 바탕에 깔려 있는 '윤리' 문제를 가르쳐야 한다, 특히 평화 교육이라든가 다문화에 대한 이해, 또는 여러 가지 용인 즉 똘레랑스tolerance에 관해 다양하게 이야기하시면서, 열린 정신을 가진 학생들을 키워야 한다고 말씀하셨습니다.

좁아진 21세기 세계에서 이런 인재들을 키워내지 않으면 세계 문제를 해결할 수 없겠다는 생각을 해보게 됩니다. 이번에는 대학의 교육과 연구 방향에 대해 한국, 일본, 중국 세 나라의 대학 총장님들은 어떤 계획을 갖고 계신지 여쭤보겠습니다. 먼저 리쓰메이칸대학교 가와구치 총장님께 부탁드리겠습니다.

미래대학은 글로벌 시대의 요구에 어떻게 부응할 것인가

가와구치 저는 세 가지를 말씀드리고자 합니다. 그중 하나는 대학 자체가 좀 더 글로벌화해야 한다는 것입니다. 리쓰메이칸대학교는 2000년에 창립 100주년을 맞아 '리쓰메이칸 아시아태평양대학' 이라는 국제대학을 설립했습니다. 현재 86개국에서 온 2,800명의 유학생이 3,000명의 일본

인과 함께 공부하고 있습니다. 이 캠퍼스는 문자 그대로 '다문화 배움 공동체Multi-cultural Learning Community'를 형성하고 있습니다. 다문화 안에서 생활하는 것이 바로 관용, 똘레랑스를 만들어내듯이 훌륭한 젊은이들이 이 캠퍼스에서 자라고 있습니다.

얼마 전 일본 정부는 우리 아시아태평양대학의 성공을 모델 삼아 2020년까지 일본 전역의 유학생을 30만 명으로 늘린다는 계획을 내놓았습니다. 학생의 약 10퍼센트를 세계 각국에서 받아들인다는 계획입니다. 거꾸로 일본 학생의 10퍼센트를 외국에서 교육시키려는 계획도 논의하고 있습니다. 안타깝게도 예산이 충분하지 않아 어려운 면도 있습니다만 꼭 이뤄내고 싶습니다. 일본 대학은 지금까지 국내 중심의 대학이었는데, 앞으로는 새로운 21세기 국제화에 동참할 젊은이를 키우는 것이 중요하리라 생각합니다.

일본 대학은 지금까지 국내 중심의 대학이었는데, 앞으로는 새로운 21세기 국제화에 동참할 젊은이를 키우는 것이 중요하리라 생각합니다.

두 번째로, 아직은 충분히 준비되어 있지 않은 상태입니다만, '평생 학습 사회'에 대응하는 대학을 고민하고 있습니다. 우리가 미래를 지식 사회, 지식 기반 사회라 할 때 지식 사회란 말하자면 평생 배워야 하는 평생 학습 사회를 의미합니다. 현재까지 주로 18세쯤의 젊은이들을 교육해왔지만, 이들의 직업 인생에서 또는 사회생활 과정에서 요구되는 새로운 기술이나 새로운 지식을 대학이 어떻게 제공할 것인가 하는 점이 앞으로 큰 과제가 되리라 봅니다. 이런 점에서 아시아의 대학들이 미국이나 유럽의 대학에 비해 아직 뒤처져 있습니다만, 이 일은 꼭 이루고 싶습니다.

세 번째로, 앞서 대학이 자립적으로 미래에 책임을 지고 변해야 한다고 말씀드렸는데, 사실 가장 먼저 변해야 하는 곳이 대학입니다. 조금 전 학제 분야에 관한 언급이 있었습니다만, 21세기에는 디자인 혹은 설계라는 부문이 더욱 중요해지리라고 봅니다. 더 좋은 사회, 더 좋은 인간, 더 좋은 자연을 만들기 위해 정보를 어떻게 설계할 것인가 하는 발상이 필요해질 테니까요. 예를 들어 생명과학일 수도 있고 정책과학일 수도 있으며 인간과학일 수도 있습니다. 각 문제에 따라 이를 해결하기 위해 어떤 방법으로 정보를 수집해 맞춰갈 것인지를 연구하는 학문이 중요해질 것입니다. 그래서 우리는 생명과학 분야, 정책과학 분야, 또 임상인간과학이라는 분야를 가동하고 있습니다. 이런 분야를 한층 더 강화하는 일이 앞으로 대학의 중요한 과제가 되리라 생각합니다.

사회자 리쓰메이칸대에서 추진하고 있는 글로벌화, 평생 학습 체계 준비, 사회 문제 해결을 위한 설계 중심의 여러 학문, 이런 것들도 굉장히 의미 있는 대학의 변화라고 생각합니다. 특히 아시아태평양대학은 한국에도 널리 알려져 있을 정도로 유명합니다. 유럽으로 치면 '에라스무스 플랜Erasmus Plan' 처럼 이제는 각국 학생들이 서로 국경을 넘어 공부할 수 있는 아주 좋은 기회가 생긴 것 같습니다. 그럼 이번에는 베이징대학교 저우 치펑 총장님의 말씀을 들어보겠습니다.

〈정보 설계〉 미래대학은 더 좋은 인간, 더 나은 사회를 위해 정보 설계, 지식 디자인 능력을 필요로 한다.

저우 앞에서 저는 무엇보다도 학생들의 세계적 시야를 넓히고 미래에 대한 관심을 키워야 한다고 말했습니다. 베이징대학교도 이를 실행하기 위해 줄

〈에라스무스 플랜〉 유럽 학생들은 대학 교류 프로그램 '에라스무스 플랜'을 통해 평화나 인권 문제 등 지구 의제를 서로 배우면서 공유한다.

곧 노력해왔습니다. 이 외에 한스 도빌 외교관께서 말씀하신 포용의 문제, 다원화 문제도 줄곧 실천에 옮기기 위해 노력하고 있습니다. 90여 년 전인 1917년, 당시 베이징대학교의 차이 위안페이蔡元培 총장님은 "모든 것을 두루 포함하라兼容并包", "학술적으로 자유롭게, 모든 것을 두루 포함하라學術自由, 兼容并包"를 제의하셨습니다. 그 당시는 그게 가능했습니다. 청조清朝 때 장원壯元을 한 교수들, 즉 봉건적 교육을 받은 교수들과 유럽과 미국에서 서양식 교육을 받고 돌아온 교수들은 함께 수업하고 함께 토론하는 무척 조화로운 환경을 조성했습니다.

베이징대학교는 이런 전통을 이어받았습니다. 현재 우리는 여전히 '학술적 자유'와 "모든 것을 두루 포함하라"를 외치며 '다원화된 문화'를 제창하고 있습니다. 이런 맥락에서 베이징대학교는 더 많은 국제 학생을 불러들이기 위해 노력하고 있습니다. 현재 우리 대학에는 100여 개 국가에서 유학생이 와 있습니다. 세계 거의 모든 지역을 망라하는 유학생들은 베이징대학교에서 '다원화 문화'를 조성하는 데 대단히 기여하고 있습니다. 또한 우리 학생들이 외국 대학에서 공부할 수 있는 기회를 만들려고 노력하고 있습니다. 기간은 조금 길 수도, 짧을 수도 있습니다. 이런 기회를 통해 학생들은 국제적 시야를 가질 수 있으며, 다른 이들의 문화를 더 많이 이해할 수 있습니다. 이런 교류는 각 민족의 문화와 역사를 서로 존중할 수 있게 합니다. 타인을 존중할 줄 알고 타인과 공존하며 타 문화를 포용하는 법을 습득한 학생들이 학교 공부를 마치면 세계화 사업에서 더 좋은 직무로 더 많은 책임을 담당할 것이라 생각합니다. 우리는 이 중요한 사업을 위해 계속 노력하려고 합니다. 더 많은 국가의 유학생들을 모집하고, 아울러 우리 중국 학생들이 다른 나라 대학에서 공부할 기회도 더 많

타인을 존중할 줄 알고 타인과 공존하며 타 문화를 포용하는 법을 습득한 학생들이 학교 공부를 마치면 세계화 사업에서 더 좋은 직무로 더 많은 책임을 담당할 것입니다.

이 얻기를 바랍니다. 이 과정에서 현재 가장 큰 걸림돌이 되는 것은 예산 부족입니다. 그래서 저는 항상 사회가 대학을 더 많이 지원해주기를 호소합니다. 대학은 재정이 충분하지 않습니다. 대학은 사회로부터 보다 많은 지원을 필요로 합니다.

사회자 말씀 고맙습니다. 학생들의 세계화와 다문화에 대해 여러 이야기를 해주셨습니다. 그러면 한국의 경희대학교에서는 어떤 준비를 하고 계신지요? 앞서 20세기 기능주의적 지식에서 이제 새로운 차원으로 탈피해야 한다는 말씀을 하셨는데, 조인원 총장님의 말씀을 들어보겠습니다.

학문과 현실 세계를 어떻게 주선할 것인가

조인원 대학이 미래 비전을 어떻게 설정하고 무엇을 준비할 것인가 하는 문제는 대학이 처해 있는 사회 분위기에 따라 다릅니다. 대학마다 서로 다른 배경이 있기 때문에 일반화하기도 힘듭니다. 그러나 21세기 대학, 현대 사회의 대학이 안고 있는 문제를 염두에 둔다면, 특히 이번 포럼의 큰 주제인 지구 의제와 대학의 대응이라는 시각에서 본다면, 이런 문제를 제기할 수 있습니다. 대학이 비전을 제시하기 전에 사회의 대학 인식은 어떠

한가, 대학이 사회로부터 어떤 측면에서 비판받아왔는가를 먼저 살펴봐야 합니다.

한스 도빌 유네스코 사무총장보께서 말씀하셨듯이, 대학은 전통적으로 상아탑 기능을 수행해왔습니다. 상아탑이란 순수 학문을 추구한다는 측면에서는 대단히 좋은 의미입니다. 학문을 위한 학문은 우리들의 상상력, 창조력을 극대화할 수 있습니다. 하지만 지식과 학문의 고매함과 독립성만을 강조할 경우 문제가 생깁니다. 자연과학과 인문학을 예로 들어보지요. 자연과 소통하고 우주와 교감하는 과정에서 자연과학적 사유 방식이 태동합니다. 이런 점에서 자연과학을 순수 학문이라 말합니다. 하지만 순수 학문은 경계가 뚜렷하지 않습니다. 세상과의 소통을 이미 전제하고 있습니다. 세상의 철학과 인식, 시각에 큰 영향을 받습니다. 인문학 또한 마찬가지입니다. 순수 인문학이 탐구하는 사람이라는 존재도 결국 자연의 일부입니다. 세상과 소통하는 존재이기도 합니다. 이런 의미의 사람을 사유하고, 구성하고, 재구성하는 것이 인문학의 존재 이유이자, 실천 기반일 것입니다. 이처럼 모든 순수 학문의 근저에는 학문이 자연과 세계, 사회적 실천과 필연적으로 소통해야 한다는 대전

상아탑이란 순수 학문을 추구한다는 측면에서는 대단히 좋은 의미입니다. 하지만 지식과 학문의 고매함과 독립성만을 강조할 경우 문제가 생깁니다.

〈상아탑〉 순수 학문의 전당으로서 대학은 이제 상아탑 속의 상아탑을 부수고 사회, 세계, 자연과 소통할 의무가 있다.

제가 있다고 봅니다. 이런 점에서 미래대학의 비전을 수립할 때 가장 중요한 것은 대학의 지향과 역할을 유기적, 전일적으로 성찰하는 것이라 할 수 있습니다. 과거와 같이 연구, 교육, 사회적 실천을 각기 분리해 영역별 독립성을 주장해선 안 됩니다. 논리적으로 그럴 수도 없습니다. 이들 세 영역은 서로 밀접한 연관성을 맺고 있습니다. 연구와 결부된 교육, 교육과 결부된 실천, 실천과 결부된 연구가 중요합니다. 대학은 새로운 패러다임과 함께 연구, 교육, 사회적 실천, 봉사의 창의적 통합을 이뤄내야 합니다.

미래대학의 비전을 수립할 때 가장 중요한 것은 대학의 지향과 역할을 유기적, 전일적으로 통합하는 데 있습니다. 연구와 결부된 교육, 교육과 결부된 사회봉사와 지구적 실천이라는 새로운 차원에서 대학 교육과 연구, 학습과 사회공헌 문화가 설정돼야 합니다.

대학은 이미 하나의 전 지구적 공간입니다. 21세기 대학은 학문과 세계, 학문과 자연의 만남을 주선하는 공간입니다. 만남을 주선하면서 새 지식을 제시하는 동시에 지역적이고 지구적인 실천, 봉사를 확산시키는 제도적 기관으로 자리매김해야 합니다. 미래대학이 글로벌 어젠다와 관련해 중요한 의미를 갖는 이유가 여기에 있다고 봅니다.

사회자 말씀 고맙습니다. 교육, 연구, 사회봉사 등이 유기적 통합을 이루면서 세계 차원의 문제를 풀어가야 한다는 말씀을 해주셨습니다.

이제 세 번째 주제로 넘어가겠습니다. 지금까지 나눈 이야기들 가운데는 미래대학이 전 지구적 과제를 어떻게 담당해나갈 것인지에 대한 고민들이 남겨 있습니다. 미래대학은 단순히 학문만 탐구하는 것이 아니라 전

〈경희평화봉사단〉 미래대학 학생들에게는 낙후된 세계 각지에서 봉사 활동을 펼치는 사회적, 국제적 활동까지 요구된다. 연해주 고려인 마을에서 정착촌 건립을 돕는 경희평화봉사단.

지구적 책임 의식을 갖고 실천을 지향하는 것이 가장 중요합니다. 이를 위해서는 대학 외부와 유기적이고 협력적인 관계를 구축하는 것이 또한 중요합니다. 대학이 상아탑 안에 갇혀 있지 않고 이제는 각 기관과, 지금 세계시민포럼도 그렇습니다만, 전 지구적인 문제를 같이 풀어나가기 위해 어떻게 네트워크를 구축할 것인가 고민하게 됩니다. 이에 대해 어떤 생각들을 갖고 계신지 들어보겠습니다.

04

무엇을 할 것인가

사회자 대학에서는 여러 사회봉사를 간헐적으로 또는 개별적인 프로그램을 통해 추진하고 있습니다. 하지만 유엔 등 여러 국제기구와 유기적인 관계를 맺고 힘을 합한다면 21세기 지식 사회에서 훨씬 더 많은 일을 할 수 있을 것입니다. 이런 관점에서 국제기구에서 나오신 분들의 말씀을 들어봤으면 합니다. 대학이 이런 일을 해줬으면 좋겠다, 대학과 앞으로 이런 유기적인 관계를 가졌으면 좋겠다 하는 얘기가 되겠지요. 먼저 유엔 경제사회국 샤 주캉 사무차장님의 말씀을 듣겠습니다.

미래대학의 역할은 무엇인가

샤 유엔의 업무는 세 가지로 요약할 수 있습니다. 첫째로 평화와 안보 유지, 둘째로 인권 보호, 마지막으로 사회 경제 발전입니다. 어찌 보면 유엔은 이 세 가지 일만 하고 있습니다. 대학들도, 특히 학생들과 교수님들이,

우리가 담당하는 이 세 분야의 발전을 위해 일해주길 기대합니다.

우리는 현재 두 가지 중대한 문제에 봉착해 있습니다. 시급한 문제는 2015년까지 '새천년개발목표'를 실행하는 것입니다. 또 다른 문제는 경제 불황, 기후 변화, 에너지 부족 등 여러 위기에 대한 해결 방안을 모색하는 일입니다. 학계에 계신 여러분, 특히 학생들이 이런 위기 상황을 계속 주시하며 앞으로 다양한 조언을 해주시길 부탁드립니다.

대학의 역할은 매우 중요합니다. 물론 대학은 학생들, 즉 차세대 지도자를 육성한다는 중요한 역할을 하고 있습니다. 하지만 이에 못지않게 대학이 지식의 요람이라는 점도 중요합니다. 대학에서는 많은 연구가 이뤄지고 있습니다. 이런 측면에서 대학은 현 사회 문제들에 대해 조언해주기 아주 좋은 위치에 있고, 또 해결 방안을 제시할 수 있는 곳이기도 합니다. 저는 대학들이 예방 차원에서 각국 정부와 국제 공동체에 조언해주는 일에 더 적극적으로 뛰어들어야 한다고 생각합니다. 저는 교육자가 아니라 함부로 말씀드릴 수는

저는 대학들이 예방 차원에서 각국 정부와 국제 공동체에 조언해주는 일에 더 적극적으로 뛰어들어야 한다고 생각합니다.

〈조언자〉 대학은 각국 정부와 국제 공동체에 더 적극적인 조언자가 돼줘야 한다.

없습니다만, 제 미흡한 소견으로는 대학들이 자기 고유의 세계에만 머물지 말고 외부 세계, 특히 시민 사회와 NGO 그리고 사회에 적응하며 살아가고 있는 시민들과 소통해야 한다고 봅니다.

우리는 흔히 대학을 미래의 지도자들을 위한 요람 또는 건축 설계소라고 부릅니다. 저는 이런 표현이 위험할 수도 있다고 생각합니다. 학생들은 대개 대학에 입학하면서 자신들이 사회의 지도자가 될 것이라 생각하지만 실은 그렇지 않습니다. 오히려 현대 사회의 일꾼이 되어야 합니다. 물론 몇몇 학생들은 지도자가 되겠지만 우리 사회는 지도자보다 일꾼을 더 필요로 합니다. 현재의 위기 상황에서 지나치게 많은 지도자를 양성하는 것은 오히려 독이 될 수 있습니다. 우리에게 지금 필요한 것은 양질의 우수한 일꾼들입니다. 제 모국인 중국의 사례가 제가 말하려는 점을 잘 보여줍니다. 중국에서는 지나치게 많은 대학 졸업자들이 배출되면서 일자리를 못 찾고 방황하는 대졸자들이 늘어나고 있습니다. 물론 일거리는 있지만 대졸자가 원하는 곳이 아니지요. 대졸자들은 빈곤층과 맞닥뜨리는 직장을 싫어합니다. 뿐만 아니라 지방이나 한적한 곳에서는 일하려고 하지 않습니다. 그들은 자신의 이익과 편의를 위해 에어컨이 있는 집에서 높은 연봉을 받으며 살아가길 원합니다. 이런 대졸자들은 우리가 원하고 필요로 하는 지도자들이 아닙니다. 자신의 이익만을 좇는 사람들이 지도자가 되는 국가는 대재앙을 입은 것과 다를 게 없습니다. 우리는 무슨 일이든지 해낼 수 있고 어떤 어려움도 헤쳐 나가며 받아들일 수 있는 지도자가 필요합니다. 다시 말해 우리 사회에는 지도자도 필요하고 재능 있는 일꾼도 필요합니다. 미래의 지도

우리 사회는 지도자보다 일꾼을 더 많이 필요로 합니다. 현재의 위기 상황에서 지나치게 많은 수의 지도자를 양성하는 것은 오히려 독이 될 수 있습니다. 우리에게 지금 필요한 것은 양질의 우수한 일꾼들입니다.

자를 꿈꾸는 학생들에게는 저의 말이 껄끄럽게 들리겠지만, 저 또한 대학을 졸업한 사람이기 때문에 우리 사회에 무엇이 필요한지 알고 있다고 말씀드리고 싶습니다.

마지막으로 미래의 대학, 특히 젊은이들은 우리가 사는 지금의 세상이 이전과 상당히 다르다는 점을 인식해야 합니다. 우리는 세계화된 세상에서 살고 있습니다. 신종플루처럼 특정 지역에서 일어난 일이 전 세계에 영향을 미칩니다. 이제 학생들은 국제적인 시각을 갖고 살아야 합니다. 이제 우리는 유아독존 식으로 살 수 없습니다. 우리는 세계화된 세상의 일부이기 때문입니다. 여러분은 학생이고 정부의 지원을 받으며 대학 교육을 받고 있습니다. 물론 경희대학교 같은 사립대도 있지만, 대학은 한 국가에 속해 있어 학생들의 시야가 국내로 국한될 수 있습니다. 국지적인 동시에 국제적인 사고를 할 수 있어야 합니다.

사회자 아주 중요한 지적을 해주셨습니다. 대학이 엘리트 교육에만 치중하지 말았으면 한다는 말씀을 해주셨습니다. 한국만 하더라도 수험생 가운데 84퍼센트가 대학에 진학해 OECD 가입 국가 중에서 가장 높은 진학률을 보이고 있는데, 대학이 사회 리더들만 키울 것이 아니라 일꾼들 또

〈유엔 인턴〉 일꾼으로, 나아가 지도자로 지구의 평화와 안전, 국제 우호 관계 및 국제 협력을 도모하는 유엔의 인턴사원들.

한 키워야 한다는 의견을 주셨습니다. 총장님들께서는 이를 염두에 두셨다가 의견을 말씀해주셨으면 합니다. 한스 도빌 유네스코 사무총장보님도 미래를 위해 대학이 어떻게 바뀌었으면 좋겠는지 의견을 말씀해주시지요.

도빌 사회자께서 연구에서 실행으로 옮기기 위해 우리가 무엇을 할 수 있느냐고 질문하셨습니다. 저는 이 문제를 교육에서 연구 그리고 실행으로 옮겨지는 과정으로 확장하여 고려해야 한다고 생각합니다.

현재 우리 사회에 필요한 것은 이전과 같은 인큐베이팅이 아니라 실제 국제 현안을 다루는 새로운 차원의 인큐베이팅입니다. 이를테면 현재 국제 사회가 경험하고 있는 경기 침체와 위기 상황에 대한 문제의 원인을 분석하고 도움이 필요한 사람들을 지원해주는 것입니다.

제가 기억하기로 10여 년 전 IT 붐이 일었을 때 MIT와 스탠포드를 비롯한 상당수의 미국 대학들이 벤처 기업 설립을 지원하는 인큐베이팅incubating에 관여한 적이 있습니다. 명석한 교수진과 학생들이 아이디어를 구체적인 사업 계획으로 실행하는 과정에서 대학의 지원으로 이들이 큰돈을 벌 수 있었고, 대학은 이 회사들의 주식이 상장될 때 주식의 약 50퍼센트를 받기도 했습니다. 그래서 당시에는 대학 기부금 가운데 민간 기업 활동을 통한 기부금이 큰 부분을 차지했었지요. 현재 우리 사회에 필요한 것은 이전과 같은 인큐베이팅이 아니라 실제 국제 현안을 다루는 새로운 차원의 인큐베이팅입니다. 이를테면 현재 국제 사회가 경험하고 있는 경기 침체와 위기 상황에 대한 문제의 원인을 분석하고 도움이 필요한 사람들을 지원해주는 것입니다. 제 생각에는 대단한 성과를 낼 수 있는 여러 접근 방법이 있고, 경우에 따라 아주 간단한 것들도 있으리라고 봅니다.

앞서 토론하면서 제가 네크워킹 문제를 언급했습니다. 네트워킹은 공유라는 가치, 좀 더 구체적으로 정보라는 지식의 공유를 돕는 가장 효율적인 도구라고 생각합니다. 네트워킹은 대학 안에서도 이뤄질 수 있으며 국내 대학 간이나 국가 간에도 이뤄질 수 있습니다. 하지만 국제 수준의 공유나 인정은 아직까지 취약한 편입니다. 예를 들어 독일에서 석사 학위를 받고 대한민국에서 취업하려고 할 때 현재로서는 석사 학위를 인정받지 못합니다. 같은 맥락에서 대한민국에서 석사나 박사 학위를 받고 프랑스에서 일하려 할 때도 학위를 인정받지 못합니다. 현재 이런 상황을 위한 대책이 상당히 부족한 상태입니다. 하지만 유럽의 볼로냐 프로세스Bologna Process가 구현되면 국가 간 상호 학위를 인정하는 기틀이 마련될 것입니다.

네트워킹은 정보라는 지식의 공유를 돕는 가장 효율적인 도구입니다.

국제 차원의 문제를 해결하려면 좀 더 개방적인 사고가 필요합니다. 지금처럼 교육 시스템이 지역이나 특정 국가 간에만 인정되는 체제가 이어져서는 안 될 것입니다. 유네스코에서는 나름 일련의 혁신안을 내놓은 바 있습니다. 그중 하나가 바로 유네스코 체어스 어프로치UNESCO Chairs Approach 제도입니다. 우리가 지금 이 원탁 앞에서 하고 있는 것처럼, 국제적 사안을 논의하기 위해 적정 수준의 기부를 할 경우 의석을 만들거나 위원회를 구성할 수 있게 하는 접근 방법입니다. 여러분은 이미 유니트윈 네트워크UNITWIN Network를 통해 여러 대학들을 훈련하고, 세계적인 의제로 주목받는 문제를 해결하는 데 대학들이 참여하도록 영향력을 미치고 있습니다. 이 네트워크를 통해서 세계 각국에서 손꼽히는 대학들로부터 협력을 받을 수 있고 또 그 대학들을 지원할 수도 있습니다. 특히 아프리카처럼, 활동의 중심을 만들기 위해 두세 국가가 연합해야 하는 지역에서 네트워크는 큰 힘을 발휘할 수 있습니다. 한 나라에 하나씩 대학 중심을 만드는 것은 효과적이거나 필요한 일이 아닐 수 있습니다. 더 중요한 점은 큰 비용이 소요되는 연구에서 협력을 구축하는 일입니다. 특히 에너지 분야의 연구 비용은 웬만한 국가 예산에 타격을 줄 수도 있는 규모인데, 위에서 말한 사회적 인큐베이션 지원이 가능하다면 대학은 물론이고 국제기구도 그 역할을 할 수 있습니다. 또 NGO를 통해서 시민 사회도 더 큰 영향력을 미칠 수 있습니다. 이런 포괄적이고 사회적인 인큐베이션 지원이야말로 앞으로 우리가 더 개발하고 추구해야 할 새로운 모델입니다.

에너지 분야의 연구 비용은 웬만한 국가의 예산에 타격을 줄 수도 있는 규모인데, 사회적 인큐베이션 지원이 가능하다면 대학은 물론이고 국제기구도 그 역할을 할 수 있습니다. 또 NGO를 통해서 시민 사회도 더 큰 영향력을 미칠 수 있습니다. 이런 포괄적이고 사회적인 인큐베이션 지원이야말로 앞으로 우리가 더 개발하고 추구해야 할 새로운 모델입니다.

미래에는 매 수준에서 지도자가 필요하기 때문에 어쩌면 새로운 지도자들이 나타날 수도 있습니다. 우리 사회에서 필요한 인재는 국가 수준의 지도자나 세계 수준의 지도자만이 아닙니다. 초등학교 지도자도 필요하고 중소기업 지도자, 환경 지도자, 바른 가치관과 윤리관을 가지고 동료와 주위 사람들에게 영향을 미칠 수 있는 평범한 지도자도 필요합니다.

사회자 말씀 고맙습니다. 또 중요한 이슈를 제기해주셨습니다. 이제까지 대학이 IT를 육성하면서 기업의 인큐베이터 역할을 했다면, 이제는 소셜 인큐베이터, 사회적 이슈에 대한 인큐베이터 역할을 하면서 리더를 키우고 또 네트워크를 구축해야 한다는 말씀을 해주셨습니다. 그럼, 리베라토 바우티스타 의장님, 대학이 과연 무엇을 하면 좋을지 한 말씀 해주시지요.

바우티스타 오늘 이 라운드테이블에서 다양한 의견이 나왔습니다. 정리해보면 대학의 전통적인 역할이 '가르치는 일' 이었다면 이제는 '배우는 일' 과 '사는 일' 까지 추가되었다고 할 수 있습니다. 저는 이것을 '대학의 역할 삼각형' 이라고 부르겠습니다. 대학은 가르치기만 할 것이 아니라 배우고 사는 법도 교육해야 합니다.

대학은 가르치기만 할 것이 아니라 배우고 사는 법도 교육해야 합니다. 저는 이것을 '대학의 역할 삼각형' 이라고 부르겠습니다.

아이러니하게도 사람들은 위기의 순간에 직면해서야 어떤 해결 방안이 옳은지 깨닫게 됩니다. 그제야 기존의 것을 잊어야겠다, 그래서 새로운 것이 이뤄지도록 해야겠다고 말합니다. 그런 점에서 저는 대학이 과거의 목표들을 잊어야 한다고 생각합니다. 지금 우리에게 던져진 문제들이 과거와 확연히 다르기 때문입니다. 이제 대학은 국내외로 새로운 지도자들을 양성하는 일을 맡아야 합니다. 이를 통해 대중의 신의에 의무를 다해야 합니다. 대학은 자체로도 사회에서 지식 저장소, 정보 기반 역할을 하고 있습니다. 지식을 얼마나 잘 활용하는지, 지식을 통하여 전통을 얼마나 잘 이어나가는지가 중요합니다. 특히 인터넷 시대에 아이디어, 생각은 마

〈지식 저장소〉 미래대학은 지식과 정보의 저장소로서 보다 넓은 범주에서 사회 기관의 한 역할을 담당하게 될 것이다.

치 유행처럼 효용이 짧아질 것입니다. 인터넷 시대에는 대학의 존재 이유가 더 확고해질 것입니다. 하지만 전통에만 의지해 길거리나 동네 등 일상에서 벌어지는 일들의 중요성에 무감해져서는 안 됩니다. 그렇게 되면 대학들은 잠깐 사이에 사람들 기억의 뒷전으로 밀려나거나 효용을 잃게 될 것입니다. 우리는 과거를 인식하고 현재 또한 통찰할 수 있어야 합니다.

새로운 세상을 살아가는 데 필요한 힘은 과거와 급박한 현재를 모두 연구하는 데서만 얻을 수 있습니다. 이는 미래의 대학과 사회에도 똑같이 적용되는 사실입니다.

새로운 세상을 살아가는 데 필요한 힘은 과거와 급박한 현재를 모두 연구하는 데서만 얻을 수 있습니다. 이는 미래의 대학과 사회에도 똑같이 적용되는 사실입니다. 대학이 앞으로 나아가며 직면하는 갈등은 학문적 자유를 지키면서도 최고를 추구하고 이를 통해 현대 대학의 기능을 다해야 한다는 점에서 비롯된다고 하겠습니다.

대학 기관은 사회와 소통해야 한다는 점을 잊지 말아야 합니다. 샤 주캉 사무차장께서 언급하셨듯이 대학의 정체성은 사회적 임무와 깊이 관련되어 있습니다. 대학은 교육 기관, 연구 기관에만 매몰되어서는 안 되며 사회적 책임을 이행해야 합니다. 지식과 경험이 만나도록 노력하는 일은 기아나 빈곤의 해결 방안을 모색하는 것만큼 크게 복잡하거나 까다롭지 않을 것입니다. 대학이 이 문제에 해결 방안을 제시한다면, 그 방안이 설령 실용적이지 않다 할지라도 사회에서 역할을 다하는 것이고, 사회 상황에 적절하게 대응하는 것이라고 생각합니다.

05

소통과 협력

사회자 고맙습니다. 가르치는 것만이 아니라 배우는 일과 살아가는 법도 교육해야 하는 대학의 역할을 지적해주셨습니다.

이제 세 대학교의 총장님들께 여쭤보고 싶습니다. 대학이 사회에서 어떤 역할을 해야 하는지는 이미 이야기를 나눴습니다. 우리가 이렇게 세계시민포럼을 주최하는 것도 미래의 대학으로 하여금 사회로 나가 사회 문제를 풀라는 21세기적 요청이 있기 때문인 것 같습니다. 글로벌화, 다문화화 등 기본적인 가치나 비전에 대해서도 이야기를 나눴습니다. 이제 좀 더 구체적으로 '5년이나 10년 안에 우리 대학은 이런 과목을 더 가르치겠다, 아니면 국제기구와 연계해서 이런 일을 하겠다' 와 같은 실천 방안에 대해 의견을 나눠보지요. 우리가 미래대학을 구상하는 데 많은 도움이 될 것 같습니다. 먼저 중국 베이징대학교의 저우 치펑 총장님 말씀해주시지요.

저우 베이징대학교는 교수의 자유로운 학술 연구를 상당히 존중하고 중시합니다. 교수가 어떤 학술 문제에 흥미를 가지더라도, 설령 뚜렷이 응용할 목표가 없는 학술 문제더라도 교수들의 연구를 격려합니다. 동시에 교수들이 개인의 연구 및 전문 지식을 사회적 필요와 결합하여 진행하길 바란다는 점을 특별히 강조합니다. 이 과정에서 사회 문제를 해결했을 뿐 아니라 학생들의 사회적 책임감도 배양했습니다.

교수들이 개인의 연구 흥미와 전문 지식을 사회적 필요와 결합하여 진행하길 바란다는 점을 특별히 강조합니다. 이 과정에서 사회 문제를 해결했을 뿐 아니라 학생들의 사회적 책임감도 배양했습니다.

두 가지 예를 들어보겠습니다. 먼저 2008년에 베이징은 올림픽을 개최했습니다. 모두 아시겠지만 베이징은 공기가 매우 나빠서 올림픽 개최에 적합하지 않은 도시였습니다. 베이징대학교의 여러 학과 교수들이 이 문제에 초점을 두고 협력하여 베이징의 대기 오염에 대한 해결 방안을 찾아 베이징올림픽조직위원회에 제출했습니다. 이 방안을 바탕으로 올림픽이 원만히 성공적으로 개최되었고 현재까지도 이 성과는 지속되고 있습니다. 만약 10년 전에 베이징에 가셨고 지금 다시 베이징에 가신다면, 현재의 베이징이 10년 전보다 훨씬 좋아졌음을 느끼실 겁니다.

베이징대 교수들은 생태계의 다양성, 생물 다양성을 지키기 위한 연구를 시작했습니다. 학생들과 함께 깊은 산속에 들어가 판다와 생활하며 판다의 습성은 물론 그들의 환경과 생존 요구를 이해함으로써 판다 종 보존 문제를 해결했습니다. 문제가 해결된 지금도 대규모 연구팀을 두고 판다 문제를 연구하고 있습니다.

또 하나는 생태와 생물 다양성 문제를 포함한 사회 문제였습니다. 아시다시피 판다는 중국에만 남아 있는 오래된 종種 가운데 하나로 일찍이 한 차례 멸종 위기에 직면한 적이 있습니다. 베이징대 교수들은 생태계의 다양성, 생물 다양성을 지키기 위한 연구를 시작했습니다. 학생들과 함께 깊은 산속에 들어가 판다와 생활하며 판다의 습성은 물론 그들의 환경과 생존 요구를 이해함으로써 판다 종 보존 문제를 해결했습니다. 문제가 해결된 지금도 대규모 연구 팀을 두고 판다 문제를 연구하고 있습니다. 중국 광시 성에만 있는 원숭이 역시 100여 마리만 남아 멸종 위기에 처해 있었는데, 베이징대 교수들의 노력으로 현재는 500마리가 넘습니다. 그런데 이 문제에서 생물의 다양성을 지키는 것만 중요한 과제가 아니었습니다. 원숭이는 물론 지역 주민의 생존 조건을 모두 고려해야 했기 때문인데, 몇 년의 작업을 거쳐 모순을 적절히 해결함으로써 동물도 보호하고 해당 지역 사람들도 더 나은 생활 방법을 찾은 것입니다.

이런 예에서 보듯 대학은 확실히 많은 기능을 발휘할 수 있습니다. 자

〈친환경 에너지〉 공해, 천연자원 고갈 등 에너지 문제가 전 지구적인 이슈로 떠올랐다. 친환경의 대체 에너지 개발이 시급하다.

원, 에너지, 환경 및 세계 평화 등 모든 면에서 좋은 역할을 할 수 있습니다. 우리는 과학 기술 문제도 해결할 수 있을 뿐 아니라 세계시민을 배출하여 전 세계에 책임을 다하고 미래도 책임질 수 있습니다.

사회자 말씀 감사합니다. 저우 치펑 총장님께서 베이징대학교가 사회 문제를 어떻게 풀어나갔는지 구체적으로 이야기해주셨습니다. 국제기구와의 협력이라든가 다양한 실천 방안들이 더 논의될 수 있을 것 같습니다. 다음으로 가와구치 리쓰메이칸대학교 총장님 말씀해주시지요.

미래대학은 학생들을 어떻게 키울 것인가

가와구치 앞서 대학에서 젊은이들을 어떻게 키워야 할 것인가에 대해 이야기를 나눴습니다만, 저는 시험이 끝나면 모두 잊어버리는 식의 공부는 아무 의미가 없다고 생각합니다. 대학에서 배우는 여러 지식과 기술이 사회와 과학의 발전 속에서 어떤 문맥에 놓이는지 이해해야 한다는 것입니다.

리쓰메이칸대학교는 서비스 학습을 통해 국내 지방 자치 단체나 NGO와의 협력을 대학 프로그램으로 펼쳐나가고 있습니다. 그 안에서 학생들은 자신이 하고 있는 공부가 사회에서 어떤 의미를 갖는지 이해하게 됩니다.

그런 의미에서 오늘 제시된 여러 과제들에 학생들이 직접 참여하는 것이 매우 중요하다고 봅니다. 우리는 이를 서비스 학습Service Learning이라고 부르는데, 국내 지방 자치 단체나 NGO와의 협력을 대학의 한 프로그램으로 펼쳐나가고 있습니다. 지역 문제나 장애인과 고령자 문제 등 여러 사회 문제를 해결하기 위해 직접 노력하는 사람들과 협력하는 프로그램입니다. 그 안에서 학생들은 자신이 하고 있는 공부가 사회에서 어떤 의미를 갖는지 이해하게 됩니다. 지금 리쓰메이칸대학교가 하려는 일은 이것을 국제 수준으로 확대하는 것입니다. 국제 NGO와 협력해서 기아 문제나 환경 문제, 개발도상국들이 안고 있는 여러 문제를 일본의 젊은이들이 직접 경험함으로써 스스로 배움의 문제와 삶의 문제 등을 생각해보는 좋은 기회를 많이 늘려주고 싶습니다. 국제 NGO와의 새로운 네트워크를 꼭 만들고 싶습니다.

국제 NGO와 협력해서 기아 문제나 환경 문제, 개발도상국들이 안고 있는 여러 문제를 일본의 젊은이들이 직접 경험함으로써 스스로 배움의 문제와 삶의 문제 등을 생각해보는 좋은 기회를 많이 늘려주고 싶습니다.

대학으로서 또 하나 생각해야 할 것은 대학 간의 국제 네트워크를 어떻게 강화할 것인가 하는 문제입니다. 지금 우리는 여러 네트워크에 참여하고 있습니다만 어느 것도 아직은 지속적이지 못하다는 문제점이 있습니다. 유럽연합 EU의 경험을 토대로 학점 상호 교환이나 학위 상호 인증 또는 학생 상호 파견이 가능한 네트워크를 어떻게 만들어갈 것인지가 특히 오늘 참가한 일본, 중국, 한국 세 나라 대학에 주어진 과제인 것 같군요. 어려운 점은 대학만으로는 아무래도 힘이 모자란다는 것입니다. 유럽연합이 그랬듯이 정부의 고등 교육 정책과 잘 맞아야 하기 때문에, 정부가 제대로 된 형태로 아시아나 동아시아 또는 동북아시아 대학 간의 네트워크를 만들어가야 하겠지요.

사회자 리쓰메이칸대 가와구치 총장님께서 학생들이 직접 참여해 사회문제를 해결하는 서비스 학습 프로그램, 또 네트워크를 만들어서 학생들의 상호 파견을 늘리는 문제에 관해 이야기해주셨습니다. 앞에서도 말씀드렸습니다만 유럽의 '에라스무스 플랜'을 놓고 일전에 이런 이야기가 나온 바 있습니다. 일본, 중국, 한국의 경우, 가령 경희대학교 학생이 한 학기는 베이징대학교에서 강의를 듣고 한 학기 또는 일 년은 리쓰메이칸대학교에 가서 학점을 얻어도 졸업할 수 있는 프로그램이 세 나라 사이에는 가능하지 않을까 하는 이야기였습니다. 또 앞서 유엔에서 지적하신 것처럼 평화 문제나 인권 문제, 경제 발전 문제 같은 지구 의제를 서로 배우면서 공유하는 프로그램은 상당히 가능성이 있을 듯합니다.

평화 문제나 인권 문제, 경제 발전 문제 같은 지구 의제를 서로 배우면서 공유하는 프로그램은 상당히 가능성이 있을 듯합니다.

경희대는 이런 계획들, 상당히 미래 지향적인 계획들을 많이 세우고 있는 것으로 압니다. 구체적인 프로그램으로 어떤 것이 있고, 어떤 협력 관계를 생각하고 계신지 조인원 총장님의 말씀을 듣겠습니다.

21세기 대학의 목표는 무엇인가

조인원 구체적인 말씀을 드려야 하는데, 제가 말하고자 하는 내용이 조금 추상적일 것 같아 염려됩니다. 먼저 간략하게 설명하고 프로그램에 관해 말씀드리겠습니다.

미래대학은 어디를 향하고 있는가, 어떤 프로그램을 구체적으로 마련해야 하는가 하는 문제를 오랫동안 고민해왔지만 뚜렷한 답을 찾기가 어렵습니다. 대학 구성원과 함께 좀 더 머리를 맞대야 구체적인 비전과 창의적인 프로그램이 나올 것 같습니다.

샤 주캉 사무차장님께서도 말씀하셨지만, 저는 대학 사회 리더십에 대한 새로운 조명이 필요하다고 봅니다. 저도 교수 생활을 오래 했습니다만, 강의에 들어가보면 과거의 '스승 제자 관계'는 더 이상 우리나라에선 흔치 않은 것 같습니다. 스승의 권위가 무너졌다고 염려하는 분도 있겠지만, 이 같은 변화가 새 권위를 만들어갈 수도 있습니다. 교수와 학생이 수평적 관계를 이루고, 그 안에서 강의 내용이 학생들의 공감과 존경심을 자아낼 수 있다면 교수의 권위는 충분히 세워질 수 있다고 봅니다.

학생들이 원하는 열린 대학 문화 속에서 지역과 지구적 리더십을 육성하는 것이 중요합니다. 사회와 지구 차원의 공명을 어떻게 만들어내느냐에 따라 대학의 권위가 결정될 것입니다.

사회와 공공 영역으로 논의를 확장하면, 21세기가 요구하는 사회와 글로벌 리더십은 자신이 속한 커뮤니티에서 어느 정도의 공명을 만들어내느냐 하는 대목에서 결정된다고 봅니다. 물론 이 공명은 사회적 공명, 지구적 공명으로 확산돼야 합니다. 오늘 이 자리에 학생들이 많이 와 있습니다. 우리 세대와 달리 학생들이 생각하는 대학의 미래는 위계적인 대학 조직이 아닐 것입니다. 수평적으로 소통 가능한 대학일 것입니다. 학생들이 원하는 열린 대학 문화 속에서 지역과 지구적 리더십을 육성하는 것이 중요합니다. 사회와 지구 차원의 공명을 어떻게 만들어내느냐에 따라 대학의 권위가 결정될 것이라고 봅니다.

제가 교육사를 전공하진 않았지만, 자료를 살펴보다가 두 가지 주목할 만한 사실을 발견했습니다. 하나는 미국 사회에 '캠퍼스 협약Campus Compact' 이라는 운동이 있어왔다는 사실입니다. '캠퍼스 협약' 은 '대학이 대학의 학문적 자유와 자율을 어떻게 유지, 발전시켜나갈 것인가' 라는 문제의식을 갖고 출범했습니다. 현재 950여 대학에서 400~500만 명의 대

〈캠퍼스 협약〉 미국 내 950여 개 대학의 '캠퍼스 협약'을 통해 대학의 사회 공헌을 촉진하고 있는 미국 브라운대학교와 관련 사이트.

학 구성원이 참여하는 큰 조직으로 성장했습니다. 또 하나 주목할 사실은, 최근 '캠퍼스 협약' 운동이 대학의 학문적 자유와 자율을 넘어 지역 사회와 교류하면서 대학의 사회 공헌을 촉진하는 문제에 큰 비중을 두고 있다는 점입니다. 우리가 미래대학의 비전을 말할 때, 학생들이 졸업 후 자신의 발전과 영달을 위해 노력하게 하는 것이 물론 중요합니다. 하지만 이에 못지않게 중요한 일은 학생 자신의 선택과 행위가 어떤 세상, 어떤 지구와 인류의 미래를 초래할 것인가를 숙고하는 기회를 제공하는 것입니다. 자신과 사회, 지구와 인류의 미래를 성찰하는 능력, 이것이 미래대학이 지향해야 할 중요한 가치가 아닐까 합니다. 특히 온 세상이 촘촘히 짜인 망으로 연결된 지금, 지구와 인류 차원의 수렴과 창조, 배려와 존중의 학문적 가치의 중요성은 아무리 강조해도 지나치지 않습니다.

앞서 말씀드렸듯이 우리가 국내외적으로 대학 커뮤니티를 이룬다는 것은 하나의 지적 공간을 마련하는 것을 말합니다. 종전에 대학은 특정 국가와 지역에 국한됐습니다. 지리적, 물리적으로 제한된 공간이었습니다. 그

〈커뮤니티〉 대학 커뮤니티는 학문적 자유와 자율성이 보장된 지적 공간에서 유엔, 유네스코, 비정부기구 등 국제 사회와 교류하는 글로벌 공간으로 거듭나야 한다.

러나 경계를 넘어 정보화, 세계화가 급속히 진행되고 있는 지금은 이야기가 다릅니다. 대학 공간은 크게 확장되고 있습니다. 열린 지구적 공간으로 탈바꿈하고 있습니다. 오늘 이 자리처럼 유엔, 유네스코, 유엔NGO 협의체, 전 세계 대학들이 서로 교류하고 협력하는 것이 좋은 예라고 생각합니다. 온라인상의 지식과 학술 교류는 또 다른 예일 것입니다. 이런 추세와 함께, 좀 더 나은 개인의 미래, 사회의 미래, 지구와 인류의 미래를 학문과 실천 차원에서 도모하는 것이 21세기 대학의 진정한 목표가 아닐까 합니다. 대학이 이렇게 변한다면 대학이 배출하는 학생도 달라질 것입니다. 학생들이 사회에 진출해 자신의 이해관계를 충족시키며 삶의 질을 높이는 동시에 타자와 공동체, 지구와 인류에 대해서도 큰 관심을 갖게 될 것입니다. '수렴과 창조의 새 시민', '배려와 존중의 공동체 문화'가 탄생할 수 있습니다.

좀 더 나은 개인의 미래, 사회의 미래, 지구와 인류의 미래를 학문과 실천 차원에서 도모하는 것이 21세기 대학의 진정한 목표가 아닐까 합니다. 대학이 이렇게 변한다면 대학이 배출하는 학생도 달라질 것입니다. 학생들이 사회에 진출해 자신의 이해관계를 충족시키며 삶의 질을 높이는 동시에 타자와 공동체, 지구와 인류에 대해서도 큰 관심을 갖게 될 것입니다.

06

세대의 벽을 넘어

사회자 경희대 조인원 총장님께서 지구적 커뮤니티와 공명할 수 있는 인재들을 키워야한다는 말씀을 해주셨습니다. 오늘 대담자분들께 유익한 이야기 많이 들었습니다. 이제 방청객 한두 분의 논평이나 질문을 받아보겠습니다. 전체적인 논평을 해주셔도 좋고 질문도 좋습니다. 질문하실 분은 어느 분께 질문하실 것인지 말씀해주시기 바랍니다.

리더는 어떻게 탄생하는가

학생 경희대학교 석사 과정의 김성애입니다. 여기 우리 학교 총장님이 계시는데요, 경희대처럼 세계 문제를 공유하는 학교는 그다지 없을 것입니다. 노숙자들에게 인문학을 가르치고, 동네 주민들에게 캠퍼스를 개방하며, 또 우리 학교 총장님은 시민 참여형 연구소인 '희망제작소'의 이사님이십니다. 저희는 이런 점에서 자부심을 느낍니다. 학교가 세계 명문 대학 순위권에 드는 것보다도 사회에 공헌하는 모습을 볼 때 저희는 상당한 자부심을 느낍니다.

윤리를 가르치려고 하지 마셨으면 좋겠습니다. 도덕이 강제된다면 그것은 윤리가 될 수 없다고 칸트는 말했습니다. 그의 말처럼 윤리를 가르치지 말고 그것을 보여주시길 원합니다. 학생들이 세계 문제를 어떻게 해결할 것인지 스스로 지식을 얻고 아이디어를 낼 수 있는 수업을 만들어주시기 바랍니다.

요즘 한국의 젊은이들은 취업 문제로 걱정이 많습니다. 그래서 타인의 고통을 함께 고민해줄 여유가 없습니다. 항상 좌절을 경험하고 '나는 못한다'는 인식이 강합니다. 그러나 저는 사회가 일자리를 창출하지 못한다면 대학 내에서 일자리를 창출할 수 있다고 믿습니다. 국내에 있는 190여 개의 대학이 연계한다면 사회 기업 하나쯤은 만들 수 있지 않을까요. 우리 안에는 엄청난 인적 자원이 있습니다. 그것을 이용해서, 또 특히 세계 대학들이 네트워킹해서 강력한 사회 기업을 만든다면 거대한 힘을 발휘할 것이라고 생각합니다.

국내에 있는 190여 개의 대학이 연계한다면 사회 기업 하나쯤은 만들 수 있지 않을까요. 우리 안에는 엄청난 인적 자원이 있습니다.

〈대학 네트워킹〉 국내 190여 개 대학이 연계한다면 사회 기업을 뛰어넘는 엄청난 인적 네트워크를 형성하게 될 것이다. 오늘날 대학은 그 어느 때보다 교류와 협력이 절실해졌다.

마지막으로 우리는 누구를 롤 모델로 삼아야 할지 그것이 고민입니다. 하느님이 인간에게 주신 기본적인 양심이 있을 텐데, 그것을 학생들에게 강요만 하는 것이 아니라 나도 저 교수님처럼 되어야겠다고 여길 수 있게 해주는 롤 모델이 얼마나 있는지 의문이 듭니다. 이곳으로 오는 길에 뒤편에서 청소하시는 아저씨를 보았는데요, 그분을 보면서 '저분은 어린이날인데도 아이들과 함께 있지 못하고 이곳 청소 때문에 오셨겠구나!' 라고 생각해주는 사람이 이 가운데 얼마나 될까요?

우리가 현실의 문제를 논할 때, 또 지식 사회에서 이것을 논할 때는 좀 더 근본적인 문제에 초점을 맞춰야 한다고 생각합니다. 교수님들은 교수님 사회를 변화시켜주십시오. 청년들은 청년 사회를 스스로 변화시키기를 원합니다.

현실의 문제를 논할 때는 좀 더 근본적인 문제에 초점을 맞춰야 한다고 생각합니다. 교수님들은 교수님 사회를 변화시켜주십시오. 청년들은 청년 사회를 스스로 변화시키기를 원합니다.

앞에서 모든 사람이 리더가 될 수 없으니 일꾼, 노동자가 필요하다고 하셨던 샤 주캉 선생님께 여쭙겠습니다. 저희는 리더가 되지 못할 수도 있습니다. 그런데 여기 앉아 계신 분들은 저희가 꿈에 그리던 분들입니다. 쉽게 뵐 수 없는 분들을 여기서 만나게 되었는데요, 선생님은 어린 시절 어떤 꿈을 꾸셨고 지금은 어떤 꿈을 꾸고 계신지, 그리고 미래의 노동자들에게 조언 한마디 해주시기 바랍니다.

샤 제가 지도자가 되지 말고 좋은 일꾼이 되라고 말했기 때문에 여기 모인 여러 학생들이 불편하셨을 겁니다. 좀 더 설명할 기회를 주시기 바랍니다. 먼저 저는 대학이 지도자를 키우는 요람이라고 생각합니다. 이제 문제는

좋은 지도자가 되기 전에 먼저 좋은 일꾼이 되어야 합니다. 젊은이들은 경험을 필요로 합니다. 경험 없이는 지도자가 될 수 없다는 것이 저의 경험에서 나온 소견입니다.

리더십이 무엇인지 정의하는 것입니다. 유니세프 동료들이 말했듯이 저는 리더십에 여러 종류가 있다는 점에 동의합니다. 좋은 지도자가 되기 전에 먼저 좋은 일꾼이 되어야 합니다. 그런데 지도자와 일꾼을 가르는 명확한 선이 없습니다. 저는 여기 모인 여러분이 아직 대학을 졸업하지 않은 학생들이기 때문에 지도자가 되기 이전에 좋은 일꾼이 되라는 이야기를 해드린 것입니다. 그 경험을 거친 후에 각자의 분야 또는 국가에서 지도자가 되는 것이 좋을 듯합니다. 여러분 나이에는 아직 지도자가 될 수 없습니다. 여러분은 노력해서 스스로 가르치고 훈련하는 것을 배워야 합니다. 좋은 지도자는 온갖 난관을 이겨낼 수 있는 능력이 필요합니다. 현재의 지도자들은 젊은이들에게 자신이 할 수 있는 일을 찾으라고 합니다. 너무 따지지 말고 일하십시오. 젊은이들은 경험을 필요로 합니다. 경험 없이는 지도자가 될 수 없다는 것이 저의 경험에서 나온 소견입니다.

젊은 시절에 제 꿈은 무엇이었을까요? 어릴 때 CCTV 인터뷰에서 이 질문을 받은 적이 있습니다. 저는 부패한 관리들을 죽이고 부정부패를 끝

내버리기 위해 정부의 고위 지도자가 되고 싶다고 대답했습니다. 권력과 특권이 있어야 부정부패를 척결할 수 있다고 생각했으니까요. 중국의 촌장이 얼마나 부패하고 탐욕스러운지 어릴 때 눈으로 직접 보았습니다. 나중에 권력을 잡게 되면 그런 촌장들을 없애버리겠다고 다짐했습니다. 물론 어린아이의 상상은 실현되지 않았습니다. 저는 대학도 졸업했지만 부정 관리들을 척결할 권력은 갖고 있지 못합니다.

그렇다면 이제 저에게 꿈이 있을까요? 없습니다. 왜냐하면 꿈과 이상은 젊은이들에게만 허락되는 것이니까요. 저는 이제 60세가 넘었습니다. 저는 꿈이 없습니다. 하지만 저에게는 아직 이상이라는 것이 있습니다. 만약 저에게 꿈이라는 것이 있다면 저의 일을 잘하는 것입니다. 저는 지금 유엔에서 고위 간부로 일하고 있습니다. 경제사회국에서 일한다는 것이 무척 자랑스럽습니다. 앞서 말씀드렸듯이 유엔은 평화와 안정 유지, 인권 보호 그리고 사회 경제 발전, 이 세 가지 일을 담당하고 있습니다. 이 일들은 모든 것을 상징합니다. 사회와 경제가 아무리 큰 발전을 이뤄도 모두를 만족시키지는 못합니다. 좋은 성과를 내면 사람들은 더 많은 것을 바라기 때문입니다. 사람들을 사회 경제 발전 부분에서 만족시키기란 매우 어려운 일입니다. 자전거가 있으면 차를 갖고 싶고, 차가 있으면 비행기를 욕망하는 것이 인간입니다. 하지만 이런 불만족의 상황이 발전의 촉진제가 되기도 합니다. 그렇기 때문에 제가 하고 있는 일은 바로 대한민국과 중국을 포함한 전 세계 사람들의 사회 경제 상황이 조금이나마 나아지도록 노력하는 것입니다. 그것이 바로 제가 지금 여기 있는 이유입니다.

저에게 꿈이 있을까요? 없습니다. 꿈과 이상은 젊은이들에게만 허락되는 것이고, 저는 이제 60세가 넘었기 때문입니다. 하지만 저에게는 아직 이상이라는 것이 있습니다. 만약 저에게 꿈이라는 것이 있다면 저의 일을 잘하는 것입니다. 앞서 말씀드렸듯이 유엔은 평화와 안정 유지, 인권 보호 그리고 사회 경제적 발전, 이 세 가지 일을 담당하고 있습니다. 이 일들은 모든 것을 상징합니다.

저는 제 능력이 매우 부족하다는 것을 압니다. 협력하는 것이 힘들겠지만, 우리는 협력을 도모해야 합니다. 우리는 여러분과 같은 젊은이들이 필요합니다. 여러분은 우리 세대가 가졌던 것보다 훨씬 더 많은 도구들을 갖고 있고 더 많은 가능성이 있으며 위대한 비전을 가지고 있습니다. 예전에는 좋은 학습 도구들이 없었기 때문에 저는 영어도 유창하지 못합니다. 하지만 여러분 세대는 더 많은 지식을 접할 수 있습니다. 그렇기 때문에 여러분을 믿습니다. 저는 이제 꿈을 꾸지 않습니다. 저는 저에게 그다지 많은 시간이 남아 있다고 생각하지 않습니다. 저는 저의 남은 시간 모두를 다른 사람들을 돕는 데 사용하려고 합니다. 여러분도 지금 가진 모든 것을 활용하십시오. 다른 의도에서 말씀드리는 것이 아니라 진심입니다. 여러분도 60

세가 넘으면 이렇다 할 계획이 없게 될 것입니다. 저는 직장에서 더 승진할 것이라고도 생각하지 않습니다. 그리고 유엔에서 일하는 중국인으로서, 중국에 따로 국가 의제가 없다는 것도 말씀드릴 수 있습니다. 우리는 독립적이고 객관적으로 행동할 수 있고, 이렇듯 자유롭게 사는 것이 저의 꿈이라면 꿈입니다. 저는 여러분의 협력과 이해를 바탕으로 열심히 일할 것입니다. 그리고 언젠가 질문한 학생이 지도자, 혹 유엔의 사무총장이 된다면 무척 기쁠 것입니다. 우리는 젊은 세대들을 더 묶어둘 수 없습니다. 이 세상은 여러분의 것입니다. 우리 세대는 이제 황혼을 맞고 있습니다. 그러나 남은 시간을 충분히 활용할 것입니다.

〈유엔 기〉 1945년 2차 세계대전 이후 각국의 전쟁을 막고 평화로운 대화 교섭을 위해 발족된 국제연합의 공식 기.

07

미래대학을 향하여

사회자 시간상 질문을 더 받기 어려울 듯합니다. 제가 보니 프린스턴대학교의 존 아이켄베리G. John Ikenberry 교수께서 앉아 계시는군요. 경희대학교의 석좌교수로도 계십니다. 아이켄베리 교수님, 말씀 좀 부탁드려도 될까요? 예일대학교의 폴 케네디Paul M. Kennedy 교수님도 계시는군요. 케네디 교수님부터 차례대로 말씀해주시지요.

미래대학에 걸맞은 교과는 무엇인가

케네디 예일대학교의 폴 케네디 교수입니다. 존 아이켄베리 교수님께서 마지막 질문을 하실 것이라 생각하고 있었는데, 이제 보니 마지막 질문을 제가 할 것 같습니다. 두 사람이 같이 하면 어떨까요?

대학교 총장이라면 누구나 자신의 대학이 지구촌과 사회 그리고 소속

〈세계시민 양성소〉 학문의 전당으로서 권위를 누려온 대학은 이제 국제 경험 학습의 장을 마련해야 할 뿐만 아니라 세계 시민 양성소가 되어야 한다. 라파엘로의 〈아테네 학당〉.

된 공동체에 어떻게 기여하고 있는지, 무슨 일을 하고 있는지 자세히 말할 수 있을 것입니다. 대학의 책임과 행동은 매우 뚜렷하며, 실제로 대학이 기여하고 있는 바를 열거하면 무척 많을 겁니다.

하지만 여기 참석하신 세 분의 총장님께 저는 좀 다른 측면에서 질문을 드리고 싶습니다. 오늘 토론이 진행되는 동안 수업 강의 계획에 대해서는 전혀 언급하지 않으셨습니다. 학생들에게 세계시민이 되도록 가르치는 교육 계획, 교과 진도 계획과 그것을 수정할 의향에 대해서는 말씀을 듣지 못했습니다.

이 부분은 제가 항상 관심을 가지고 있고, 어느 정도는 우려하고 있는 부분입니다. 아시겠지만 저는 8세부터 18세까지 아이들로 구성된 남학생 축구단에서 10년 동안 봉사했습니다. 그러다 보니 아이들과 학부모들을 많이 알게 되었습니다. 아이들이나 학부모들은 모두 코네티컷 같은 곳에 소재한 대학에 진학하길 원하지만, 세계시민이 되기 위해 대학에 간다는 생각은 없었습니다. 아이들은 간호학, 도시계획, 약학 그리고 교사 학위를 받고 싶어 하고 그 학위를 얻기 위해 곧바로 전공 학업에 매진했습니다.

여기서 총장님들께 질문을 드리고 싶습니다. 3~4년간의 대학 과정 중 1년간 의무적으로 해외에서 국제 문제와 한계들을 공부하는 제도를 만들어서, 학생들이 졸업할 때 전공 학위를 취득할 뿐 아니라 1년간의 국제 경험을 쌓게 하실 계획이 있으신지요? 그리고 언제 어떻게 교과 과정syllabus에 변화를 주실 것인지요?

사회자 아주 중요한 질문을 해주셨습니다. 아이켄베리 교수께도 질문 시간을 드리겠습니다. 아이켄베리 교수님, 한 말씀 해주시지요.

아이켄베리 오늘 대담은 정말 훌륭했습니다. 오늘 대담자분들은 대학의 중요한 두 가지 역할을 지적해주셨습니다. 첫째는 대학이 사회에서 교육 기관 이상의 역할을 해야 한다는 점, 즉 세상의 실제적인 문제들에 참여해야 한다는 점이고, 또 하나는 대학이 교육을 통해 미래의 시민을 만들어야 한다는 점입니다.

오늘 토론자분들은 대학의 중요한 두 가지 역할을 지적해주셨습니다. 첫째는 대학이 사회에서 교육 기관 이상의 역할을 해야 한다는 점, 즉 세상의 실제적인 문제들에 참여해야 한다는 점이고, 또 하나는 대학이 교육을 통해 미래의 시민을 만들어야 한다는 점입니다.

저는 질문을 하기보다 제 의견을 말씀드리고 총장님들의 고견을 들을까 합니다. 저는 대학이 세계시민을 육성하는 곳이며 아이디어를 창출하는 곳이어야 한다는 토론 내용을 들으면서 신선한 충격을 받았습니다. 제가 몸담고 있는 프린스턴대학교에서 학생들이 세계를 볼 수 있는 곳, 좀 더 체계적으로 세계사를 생각해볼 수 있는 곳은 우드로윌슨 행정 및 국제대학원입니다. 그곳에서는 교수진에게 전문가가 되라고 요구하지 않습니다. 그보다는 다른 학문 분야의 교수들과 협력해 학제 간 연구를 하도록 촉구합니다. 교수들은 다른 대학과 국제적인 연구 네트워크를 구축하고, 학생들은 여름에 아프리카나 아시아로 연수를 가도록 장려합니다. 그래서 저는 대학들이 국제 경험을 통한 학습의 장을 마련하는 한 가지 방법, 그리고 미래의 세계시민을 양성하기 위한 교과 과정의 기반을 마련하는 하나의 방법이 행정학 대학원이 아닐까 생각합니다. 이 점에 대해 어떻게 생각하시는지 총장님들의 의견을 듣고 싶습니다.

사회자 말씀 감사합니다. 특별히 예일대의 폴 케네디 교수께서는 총장님들을 압박하듯이 교과 과정을 바꿀 계획이 없느냐고 질문하셨는데요, 세 총장님들께서 1분 이내로 간략히 답변해주시면 감사하겠습니다. 먼저 저우 치펑 베이징대 총장님께 부탁드립니다.

저우 세계시민을 배출하는 것은 분명 대학의 소임 중 하나입니다. 그러면 어떤 방법으로 세계시민을 배출할 수 있을까요? 이는 모든 대학이 고민하고 있는 과제입니다. 만약 프린스턴대학교가 좋은 모델이 된다면 우리는 프린스턴대에서 배울 의향이 있습니다. 각 학교를 놓고 볼 때 학교마다 다른 방식이 현재 시도되고 있다고 봅니다. 예를 들어 4년의 기간 중 1년 동안 필수 교과로 배정해 전문적으로 세계시민을 배출할 수도 있지요. 각 대학은 대학의 상황과 학생의 요구에 근거해 다른 방법을 채택하게 될 것입니다.

베이징대학교 역시 이 문제를 인식하고 노력하고 있습니다만 솔직히 말씀드려 아직까지 완벽한 해답을 찾지 못하고 있습니다. 1년 동안 집중해서 교육해야 할지, 다른 방법을 채택해야 할지, 이 문제에 대해 저는 다른 대학들과 함께 연구 조사하고 싶습니다.

〈미래대학〉 미래대학은 글로벌 이슈를 고려한 교육 과목을 적극 개설해야 한다는 시대의 요청을 받고 있다.

사회자 다음으로 가와구치 리쓰메이칸대 총장님께서 말씀해주시죠.

현재 교육에서 중요한 것은 학생들이 직접 나서서 체험해보는 것입니다. 외국에 실제로 가보거나 유학생과 다양한 이야기를 나누는 등 스스로 문제 해결에 참여하는 것이지요.

가와구치 리쓰메이칸대학교는 글로벌 이슈를 고려한 과목을 많이 도입했습니다. 필수 과목으로 정하지는 않았습니다만, 학생들은 여러 형태로 여기에 참여할 수 있습니다. 앞으로 이런 과목을 더 늘릴 생각입니다. 다만, 조금 전에 제가 말씀드린 바와 같이, 적어도 현재 교육에서 중요한 것은 학생들이 직접 나서서 체험해보는 것입니다. 외국에 실제로 가보거나 유학생과 다양한 이야기를 나누는 등 스스로 문제 해결에 참여하는 것이지요. 그런 기회를 얼마나 많이 만드느냐 하는 것이 지금 우리 대학의 중요한 과제라 보고 이를 위해 노력하고 있습니다.

사회자 끝으로 경희대 조인원 총장님께 여쭙겠습니다.

대학은 더 나은 세상을 만들기 위해 어떤 노력을 해야 하는가

조인원 앞서 말씀하신 두 분 총장님은 저보다 입장이 나은 것 같습니다.

폴 케네디 교수님이 질문하신 내용은 답하기가 참 곤란하네요. 이 자리에는 우리 대학 교수님들이 여러 분 와 계십니다. 여담입니다만, 교수님들 앞에서 커리큘럼curriculum 개편을 이야기하는 것은 '큰 위험' 입니다.

얼마 전 한국의 일간지에 미국 어느 명문 대학의 커리큘럼, 특히 교양 과정이 전면 개편됐다는 내용이 몇 차례 보도된 적이 있습니다. 저도 그 기사를 읽었습니다. 평소 관심 있는 분야여서 그 대학 홈페이지에 들어가 개편 내용을 자세히 보기도 했습니다. 개편된 교양 커리큘럼은 여섯 분야로 나뉘어 있었습니다. 그중 몇 분야가 인상적이었습니다. 첫 번째 분야는 제 표현으로는 '우주Physical Universe' 였습니다. 두 번째는 '인류Humanity와 문명Civilization' 이었고, 이어서 '윤리적 가치Ethical Value', '세계 속의 미국The United States in World Context' 등이었습니다. 교양 과정이 미국의 위상, 인간과 생명의 과거, 현재, 미래를 연결하고 있었습니다.

그 내용을 보면서 저는 다소 놀랐습니다. 우리 대학이 지금까지 역점을 두고 강조해온 분야가 바로 그런 분야였기 때문입니다. 보다 나은 문화 세계를 만들어가는 데 가장 핵심적인 문제는 사람이 어떻게 살아왔고, 어떻게 살고 있고, 또 앞으로 어떻게 살아갈 것인가를 사유하고 통찰하는 것입

보다 나은 문화 세계를 만들어나가는 데 가장 핵심적인 문제는 사람이 어떻게 살아왔고, 어떻게 살고 있고, 또 앞으로 어떻게 살아갈 것인가를 사유하고 통찰하는 것입니다. 이것이 교양 교육의 핵심이 돼야 합니다.

니다. 그리고 이것이 교양 교육의 핵심이 돼야 한다는 생각을 줄곧 해왔습니다. 경희대 교양학부는 자연과 우주, 인간 의식과 윤리, 역사와 문명 등을 주제로 한 과목을 개설하고 있습니다. 그런데 그런 과목들이 아직 부족한 것 같아 얼마 전부터 교양 과정을 개편하고 있습니다. 내년쯤 새로운 교양 프로그램이 나오면 거기에 걸맞은 교양대학, 가칭 룩스 후마니타스 칼리지Lux Humanitas College가 설립됩니다. 새 교양 과정에는 보다 나은 삶, 좀 더 나은 세상을 만들기 위해 어떤 노력을 기울여야 하는지를 집중적으로 가르치는 과목이 개설되길 희망하고 있습니다. 인접 학문 간 소통, 융합 교육을 통해 학생들에게 다양하고 창의적이면서도 총체적인 사유 능력을 키워주는 방안도 논의하고 있습니다. 봉사와 실천을 과목에 연결하는 방법도 강구하고 있습니다. 이 외에도 전 세계에 교과목을 개방하는 프로젝트를 진행하고 있습니다. 외국 대학 교수진이 우리 대학에 오시거나 온라인으로 과목을 공동 개발해 그것을 우리 학생들에게 가르치고, 나아가 전 세계 학생, 시민에게 개방하는 사업입니다.

좀 더 상세히 말씀드리면, 우리 대학에선 글로벌 스튜디오 네트워크 Global Studio Network란 사업을 진행하고 있습니다. 사업의 근본 취지는 전 세계 거점 도시를 화상으로 연결하는 것입니다. 화상으로 연결해 거점 도시의 학술, 문화, 예술 등 인류 문명 창조에 중추를 이루는 분야의 인적, 지적 자원을 활용하는 것입니다. 또 우리 대학의 학술, 문화, 예술 역량을 세계와 나누며, 능동적인 전방위 국제화를 이루고자 합니다. 세계 도처의 무한한 가능성을 수렴하고, 경희대의 학술적 역량을 세계와 공유하며 글로벌 시대의 새로운 학문적 소통 공간을 만들고자 합니다. 이 공간을 통해 새 시대, 미래 사회가 요청하는 고등 교육의 기본 방향이 조정되고, 설정되길 바라고 있습니다.

대학은 변해야 하고 아울러 국제 사회에서 좀 더 구체적인 역할을 수행해야 한다는 과제를 안고 있습니다. 특히 21세기 지식 사회에서 가장 큰 지식 자원을 가지고 있는 대학이 사회에 어떻게 공헌할 것인지 고민해야 할 것입니다.

사회자 말씀 감사합니다. 대학은 변해야 하고 아울러 국제 사회에서 좀 더 구체적인 역할을 수행해야 한다는 과제를 안고 있습니다. 특히 21세기 지식 사회에서 가장 큰 지식 자원을 가지고 있는 대학이 사회에 어떻게 공헌할 것인지 고민해야 할 것입니다. 큰 틀의 역사적 혜안을 갖고, 정말 변화를 바란다면 당장이라도 구체적으로 교과 과정 수정에 나서야 하는 게 아니냐는 폴 케네디 교수님의 지적은 우리에게 커다란 숙제로 남는 것 같습니다.

한국과 중국과 일본, 3개국의 대표적인 대학교 총장님들이 여기 와 계십니다. 미래의 대학 모습을 바꿔가겠다는 각오를 하고 있는 총장님들이 계시기 때문에 이제 이곳에서부터라도 21세기를 향한 미래대학, 대학의 변화를 시작할 수 있을 것 같습니다.

오랜 시간 관심을 갖고 경청해주신 여러분께 감사드립니다. 좋은 말씀 해주신 유엔의 대표들 그리고 총장님들께 감사의 말씀을 드리면서 오늘 세계시민포럼 라운드테이블, 미래대학 이야기는 이것으로 마치고자 합니다. 대단히 감사합니다.

부록

World Civic Forum 2009 기조연설

2009년 5월, 서울

조인원 경희대학교 총장

샤 주캉 유엔 경제사회국 사무차장

한승수 전 국무총리

한스 도빌 유네스코 전략기획국 사무총장보

홍석현 중앙일보 회장

공감과 합의의 미래를 위하여

조인원 *

존경하는 한승수 대한민국 총리님, 샤 주캉 유엔 사무차장님, 한스 도빌 유네스코 사무총장보님, 홍석현 중앙일보 회장님, 저우 치펑 중국 베이징 대학교 총장님, 가와구치 기요후미 일본 리쓰메이칸대학교 총장님, 리베라토 바우티스타 유엔NGO 협의체 의장님, 파트리샤 산토 토마스Patricia A. Sto. Tomas 동아시아공공행정기구 사무총장님, 패트릭 벤투리니Patrick Venturini 경제사회위원회 세계협회 사무총장님, 가쓰지 이마타Katsuji Imata 세계시민단체연합 부사무총장님, 2009년 세계시민포럼 개막식에 자리를 함께해주셔서 큰 영광입니다. 존경하는 내외빈 여러분, 진심으로 환영합니다.

---

* 경희대학교 총장

내외빈 여러분, 인류는 삶을 기획해왔습니다. 크고 작은 삶의 기획을 통해 생존과 번영, 표현을 향한 끊임없는 열정을 쏟아왔습니다. '보다 나은 미래'를 위해 새로운 삶의 가능성을 모색해왔습니다. 그러나 그 과정은 인류의 삶의 궤적이 말해주듯이 순탄치 않았습니다. 때로는 고난과 상실을 겪었습니다. 또 때에 따라선 대립과 갈등을 되풀이했습니다.

성취와 좌절, 긍정과 부정의 힘이 교차하는 인류의 '인간화 과정'은 그 자체가 경이로운 창조 공간입니다. 루시Lucy에서 호모 사피엔스Homo Sapiens로, 호모 사피엔스에서 현생 인류에 이르는 인류의 대서사大敍事가 우리들의 무한한 가능성을 열어왔습니다. 어제와 오늘에 투영된 대립적 힘과 힘의 접촉은 내일을 향한 또 다른 기획의 길을 창조해왔습니다.

세계의 지성은 오늘의 성취와 함께 인류의 '난제Aporia'에 깊은 관심을 표명해왔습니다. 문명의 진보에도 불구하고 지구촌 인류 사회는 기아와 질병으로부터 자유롭지 못합니다. 과학기술의 눈부신 발전과 더불어 전쟁과 테러는 그 어느 때보다 가공할 위협으로 느껴집니다. 산업화, 탈산업화의 전이轉移 과정 속에서도 자원 고갈, 환경 파괴, 기후 변화와 같은 지구적 재앙의 현실이 더욱 무겁게 다가섭니다. '탈이념시대'의 이념 충돌도 지구촌 곳곳에서 여전히 감지됩니다. 이처럼 지구 마을에 산재한 위기의 징후는 인류 사회의 '새로운 기획', '창조적 대응'을 요청합니다.

유엔은 새 천년 도래와 함께 '새천년개발목표millennium development

goals'를 선언했습니다. 지구적 관심과 연대를 통해 기아와 질병, 기후 변화와 같은 인류 공동의 관심사를 다뤄가겠다는 의지를 표명했습니다. 유네스코는 '문명 간 대화dialogue among civilizations'를 주도했습니다. 국가와 세력 간 충돌하는 이해관계를 서로 다른 종교와 문화의 상호 이해로 대처해간다고 밝혔습니다. 학계도 안정된 국제 사회를 위해 세계 질서와 규범 재편을 폭넓게 논의하고 있습니다. 그러나 좀 더 나은 세상, 보다 건강한 지구를 만들기에는 '현실의 벽'이 높게만 보입니다. 여전히 지구촌 곳곳에서 재앙의 징후가 우리의 희망과 안위를 위협하고 있습니다.

'세계시민포럼 2009'는 이와 같은 문제의식에서 21세기 인류 사회의 난제에 대한 전 지구적 관심을 초대합니다. 특히 '우리의 아름다운 지구 행성을 향하여'를 주제로 한 이번 대회는 대학과 국제 사회의 '공감과 합의의 미래'를 염원하면서, 인류와 지구의 보다 나은 내일을 찾아 나섭니다. 우리를 위협하는 현실의 벽을 넘어, 새 시대, 새 가치, 새 의식의 무한한 가능성을 모색합니다.

이러한 취지와 함께 WCF 2009는 몇 가지 소망을 안고 있습니다. 첫째 소망은 대학의 사회적 책임, 지구적 책무에 관한 것입니다. 대학은 전통적으로 상아탑 기능을 수행해왔습니다. 학문의 전당으로, 진리를 탐구하는 것이 대학의 유서 깊은 전통이었습니다. 동양과 서양, 그리고 그 밖의 문명 사회에서도 진리 추구는 대학의 고유한 기능으로 자리 잡았습니다.

그러나 빠르게 진행되는 세상의 흐름은 변화를 요구합니다. 학문을 위한 학문 탐구를 넘어 우리 모두를 위협하는 인류 공동 의제에 관한 해법과 실천 방안을 찾아 나서는 것이 오늘날 대학 사회에 주어진 책무가 아닐까 합니다. 지역 사회와 교류하고, 세계와 소통하면서, 학문의 실천 기반, 대학의 지구적 존엄global eminence을 쌓아가는 것이 '21세기 대학의 미래' 일 것입니다.

두 번째 소망은 다자간 교류 협력의 장을 마련하는 것입니다. 21세기 지구 사회는 복잡한 그물망으로 연결돼 있습니다. 직간접적인 교류 협력 수단의 발전과 함께 지구촌 인류 사회는 전례 없는 상호 접촉의 양상을 보입니다. 지구 의제 역시 복잡한 양태를 띱니다. 기아, 질병, 인권, 경제, 자원, 폭력, 환경 등과 같은 지구 의제는 개별적 사안입니다. 그러나 이들은 서로 밀접한 연관성을 지니고 있습니다. 연관성 속에서 문제의 해법을 찾아나서야 효율적이고 포괄적인 대책이 가능합니다. 이런 점에서 다양한 전문성을 지닌 국제기구와 정부, 시민 사회 단체와 학계, 기업과 언론이 서로 머리를 맞대는 것이 중요합니다. 다자간 교류 협력이 시너지를 창출합니다. WCF는 이를 위해 '지구적 공론의 장, 소통의 공간' 을 마련하고자 합니다.

세 번째 소망은 인류애人類愛, 지구애地球愛를 향한 세계시민 의식을 창달하는 것입니다. 지구 의제를 다루기 위해선 제도와 정책이 그 무엇보다 중요합니다. 직접적인 영향력을 갖기 때문입니다. 그러나 제도와 정책은 한계가 있습니다. 문제 해결을 위한 공감과 합의가 없으면 그 실효성은 떨어집니다. 나라 차원에선 사회 의식이 중요합니다. 국제 차원에선 세계시민 의식이 또한 중요합니다. 경계를 넘나드는 의식, 차이와 소통하는 의식, 인류와 지구의 안위를 걱정하는 의식 없이는 인류 사회의 공동 의제는 제한적으로 다뤄질 수밖에 없습니다. 인종과 민족, 나라와 지역, 종교와 문화 차이를 넘나드는 의식과 규범이 더 이상 부차적인 문제로 인식되어선 안 됩니다. WCF는 '다름을 배척하는 의식', '인류 공동의 문제를 외면하는 의식'을 해소하는 세계시민의 또 다른 희망이 되고자 합니다.

이번 행사의 협력 기관인 유엔 경제사회국은 지구촌 경제사회 발전을 도모해온 국제기구입니다. 국제 사회 공공 영역의 글로벌 거버넌스를 종합적으로 점검하며, 정의로운 국제 사회 구현을 위해 노력해왔습니다. 경희대학교는 '학문과 평화'의 전통 위에 '새로운 문명의 길A New Pathway for Human Civilization'을 걸어왔습니다. 학문과 학문, 학문과 현실, 학문과 실천의 조화로운 결합을 도모하며, 평화로운 인류 사회, 풍요로운 미래 사회를 지향해왔습니다.

이 두 기관이 마련한 WCF 2009는 대학과 국제기구, 대학과 시민 사회가 서로 손을 맞잡고 인류와 지구의 보다 나은 내일을 논하는 자리입니다. 오늘부터 4일간 진행되는 이번 대회가 21세기 글로벌 의제를 다시 한 번

종합적으로 검토하는 성찰의 장, 모색의 장, 공감과 합의의 지구촌 축제가 되었으면 합니다. '21세기 세계시민의 길' 을 모색하는 자리가 되었으면 합니다.

오늘 이 자리가 있기까지는 많은 분들의 숨은 노고가 있었습니다. 우선 지난 수년간 대회를 함께 준비해주신 유엔 경제사회국 관계자 여러분께 경의를 표합니다. 이번 대회의 힘든 실무를 맡아 헌신적으로 노력해주신 경희대 WCF 준비위원회 위원과 관계자 여러분, 그리고 자원봉사 학생 여러분께 진심으로 감사와 축하의 말씀을 드립니다. 대회 후원을 기꺼이 맡아주신 〈중앙일보〉 관계자 여러분께도 깊이 감사드립니다. 그리고 무엇보다도 지구촌 곳곳에서 보다 나은 미래를 위한 열정 하나로 패널에 참여해주신 발표자 여러분과 패널을 조직해준 WCF 기관 파트너 펜실베이니아대학교, 프린스턴대학교, 유네스코, 유엔 NGO 협의체, 유엔 글로벌콤팩트 책임경영교육국, 유엔 글로벌콤팩트 한국협회, 유엔 세계관광기구, 경제사회위원회 세계협회, 세계시민단체연합, 동아시아 공공행정기구, 미래재단, 〈중앙일보〉 시민사회환경연구소, 그리고 세계 평화박물관 네트워크 관계자 분께도 깊은 사의謝意를 표합니다.

존경하는 내외빈 여러분, WCF 2009 축제의 성공적인 결실을 축원합니다. 그리고 오늘 자리를 함께해주신 모든 분들의 건강과 행복을 기원합니다.

전 지구 발전을 위한 시민 참여의 중요성

샤 주캉*

내외 귀빈 여러분, 회의 발표자 및 참가자 여러분, 신사 숙녀 여러분, 저는 반기문 유엔 사무총장님을 대신해 이 중요한 세계시민포럼에 참가하게 된 것을 매우 기쁘게 생각합니다. 이번 포럼의 개최는 경희대학교의 총장님과 교직원 여러분들의 비전과 노고에 힘입은 바 큽니다. 저는 이 포럼을 조직하신 조인원 경희대학교 총장님과 교직원 여러분들께 진심으로 축하의 말씀을 드립니다.

저는 또한 한국 정부의 한승수 국무총리께 감사드리고자 합니다. 오늘 이 자리에서 한 총리를 뵙게 된 것을 아주 기쁘게 생각하며, 발전 및 통치

* 유엔 경제사회국 사무차장

분야에서 한국 정부와 유엔 경제사회국 간에 생산적인 협력을 이루도록 이끌어주신 것을 감사하게 생각합니다.

건강한 시민 생활을 건설하는 것은 시민들 사이에, 그리고 시민과 정부 사이에 사회적 자본을 창출하고 신뢰를 구축하는 일입니다. 사회적 자본과 신뢰는 의사 결정 과정에 시민의 참여를 필요로 하기 때문에 시민 참여는 시민 생활의 핵심입니다. 이번 포럼이 인식하고 있듯이 시민 참여는 또한 유엔의 개발 의제, 즉 '새천년개발목표'를 포함한 국제적으로 합의된 일련의 야심 찬 개발 목표들의 핵심에 놓여 있습니다.

유엔 개발 의제는 세 가지 주요 방법으로 시민들의 참여를 개발에 연계하고 있습니다. 첫째로 효과적인 서비스 전달을 비롯한 정책들을 시민들의 진정한 욕구에 맞춤으로써 사람 중심의 발전 과정을 전개하고, 둘째로 지속 가능한 국가 발전 전략에 있어 개발 목표 및 도전들을 명확히 파악하는 등 공동체들과 정부들 간에 열린 대화를 촉진하고, 셋째로 효과적인 부패 퇴치 등의 방법을 통해 의사 결정 과정의 투명성을 증진함으로써 통치에 있어서의 공적 책임을 고취합니다.

이러한 연계 관계들을 각각 설명하기 위해 몇 가지 실례를 들어보겠습니다. 사람 중심의 발전과 관련해 시민들을 참여시키고자 예산을 사용하는 일은 친빈민 정책들을 고양하고 가장 가난하고 취약한 시민들의 욕구에 대한 정부의 대응성responsiveness을 증진시킵니다. 중국의 다양한 지방*

* 저장 성浙江省의 원링温岭, 장쑤 성江蘇省의 우시無錫 및 상하이上海의 민항閔行

에서 실행되고 있는 바와 같이 자원 배분과 공공 지출에 관한 결정에 공적 참여를 가능케 하는 실천은 빈곤 감소에 중점을 둔 공적 재정 운용 및 결정을 효율화하는 데 유효한 수단이 돼왔습니다. 시민은 자신의 욕구를 가장 잘 알고 있으며 종종 그것에 대한 가장 실질적인 해결책들을 갖고 있습니다. 시민참여예산제도를 통해 시민은 의사 결정 과정에서 이러한 욕구와 해결책에 대한 목소리를 내고 있습니다.

예를 들면 열린 대화와 관련하여 시민이 원하는 정보를 찾고 그들이 직면해 있는 도전에 대해 발언하는 것을 수월하게 만들어주는 전자 정부의 도구들을 사용하는 경우가 그렇습니다. 이것은 발전 전략들을 향상시키는 데 기여하는데, 그 이유는 시민과 정부가 가상 토론장을 통해 도전들에 대해 더 잘 알게 되고 대안적 해결책들을 듣고 논의하기 때문입니다.

공적 책임과 관련하여 공적 프로그램 감사에 시민 사회, 언론 매체 및 그 밖의 이해 당사자들의 참여를 고양하고 촉진하면 부패 및 부실 경영과 싸우는 데 도움이 될 수 있습니다. 예를 들어 시민들의 불만과 요구를 받아들이는 데 전념하고 있는 한국 정부의 포털은 단 하나의 창을 통해 대통령 집무실, 시민 게시판 사이트들, 시민 단체의 포털들, 그리고 옴부즈맨에 접근할 수 있는 통로를 제공하고 있습니다.

식량 불안과 에너지 도전 및 기후 변화부터 전 지구적 금융 혼란과 경제 침체에 이르기까지 일련의 위기에 직면하여 오늘날 시민 참여는 특히 중요합니다. 위기 비용을 감당하는 사람들, 즉 시민들의 참여 없이 만들어진 정책 및 전략에 관한 결정들이 효과적이고 지속적일 것이라고는 거의 기대할 수 없습니다. 요즘 기후 변화와 금융 위기는 전 세계에 걸쳐 모든 시민에게 영향을 미치는 가장 긴급한 문제들입니다.

시민 사회의 참여는 기후 변화라는 전 지구적 위협에 대처하고 세계를 한층 더 지속 가능한 발전의 경로 위에 놓는 데 필수적입니다. 시민 참여라는 유리한 지점에서 우리는 또한 기후 변화가 빈곤 감소 및 '새천년개발목표' 와 어떤 연관성이 있는지를 이해할 필요가 있습니다. 이러한 이슈들의 중요성과 긴급성은 특히 반기문 유엔 사무총장이 2009년을 '기후 변화의 해' 로 선언한 이후 강조돼왔습니다.

금융 및 경제 위기와 관련하여 시민 참여와 참여 거버넌스participatory governance에 호소함으로써 인간 잠재력의 저장고를 여는 것이 가장 중요합니다. 또한 위기들을 관리함과 동시에 그것들을 예측하는 데 온힘을 다해야 합니다. 우리는 끊임없이 경계하고, 위기가 발생하기 전에 그것을 미리 막는 데 필요한 조치들을 취할 필요가 있습니다. 위기는 가난하고 취약한 사람들에게 가장 강한 타격을 주기 때문에 우리는 그들을 돕는 데 힘을 기울여야 합니다. 따라서 유엔 산하 기구 및 조직들은 유엔 체제 전반에 걸친 하나의 취약성 감시 및 경보 메커니즘을 수립하기 위해 노력을 기울이고 있습니다.

신사 숙녀 여러분, 지구화 시대에 시민은 그들 간에, 그리고 그들의 정부와 서로 관계를 맺을 필요가 있습니다. 디지털 시대에 시민은 더 큰 의식과 투명성을 고양하기 위해 정보를 공유할 필요가 있습니다. 그리고 위기의 시대에 시민은 효과적이고 지속 가능하며 공정한 반응을 확보하기 위해 더 큰 공적 책임을 옹호하고 요구할 필요가 있습니다.

바로 이러한 이유들로 인해 이 세계시민포럼이 중요한 것입니다. 저는 이 포럼에서 이뤄진 논의들이, 시민 참여가 지구 발전에 기여하는 최선의 방법이 무엇인지를 밝히는 데 도움이 될 것이라고 확신합니다.

감사합니다.

세계시민포럼 출범을 축하하며

한승수*

5월 5일은 우리나라의 '어린이 날' 입니다. 우리의 미래이자 희망인 어린이들을 위한 날입니다. 이런 날에 인류의 더 나은 미래를 위한 세계시민포럼이 출범한 것을 진심으로 축하합니다. 이처럼 뜻 깊은 자리에 여러분과 함께하게 된 것을 매우 기쁘고 반갑게 생각합니다. 먼저 정성을 다해 이번 포럼을 준비해온 경희대 조인원 총장님과 유엔 경제사회국 샤 주캉 사무차장님을 비롯한 관계자 여러분께 깊은 감사를 드립니다. 아울러 이번 포럼에 참석하기 위해 한국을 찾아주신 내외 귀빈 여러분을 온 국민과 더불어 환영합니다.

---

* 전 대한민국 국무총리

잘 아시다시피 지금 지구촌에는 어느 한 나라, 한 지역의 힘과 노력만으로는 해결할 수 없는 과제들이 수없이 많습니다. 평화, 빈곤 퇴치, 질병 치유, 인권, 인류 복지, 지구 정의, 물, 그리고 기후 변화 같은 문제들이 대표적인 예라고 할 수 있을 것입니다. 물론 지금까지도 이러한 과제들을 해결하기 위해 국제적 노력이 계속되어왔습니다만, 아직도 가야 할 길이 멀다고 생각합니다. 국제 사회의 더 많은 관심과 참여, 그리고 적극적인 협력이 필요합니다. 이러한 상황에서 열리는 이번 세계시민포럼이 이런 과제들을 심도 있게 논의하고 그 해결책을 모색하는 매우 뜻 깊은 자리가 되기를 기대합니다.

내외 귀빈 여러분, 대한민국은 2차 세계대전 이후 독립한 나라들 가운데 산업화와 민주화를 가장 짧은 기간 동안에 동시에 이룩한 세계 발전사의 모범 국가입니다. 6 · 25 전쟁의 폐허를 딛고 불과 반세기 만에 경제 규모 세계 13위라는 놀라운 기적을 이뤄냈습니다. 조선, 철강, 자동차, 전자, 석유화학, 정유, IT, 해외 건설 등의 분야에서 세계적 기업들이 많이 생겨났습니다. 그리고 이러한 바탕 위에서 수준 높은 인권 보호와 법치주의가 확립된 모범적인 민주주의 국가로 발전하였습니다. 이 과정에서 우리나라는 국제 사회, 특히 유엔으로부터 많은 도움을 받았습니다. 이제는 우리도 그동안 다른 나라들에게 빚진 고마움을 갚기 시작할 때가 되었습니다.

이러한 가운데 출범한 이명박 정부는 글로벌 코리아, 즉 성숙한 세계 국가를 국정 지표의 하나로 내세웠습니다. 대한민국을 세계인들의 존경을 받는 품격 있는 국가로 만들어나가자는 것입니다. 대통령께서는 취임사를 통해 인류 보편의 가치를 구현하는 기여외교를 펴겠다고 강조했습니다.

대한민국은 평화, 인권, 빈곤, 기후 변화 등 범세계적 도전 과제를 해결해나가는 데 힘껏 동참하고 있습니다. 국제 사회의 중심에서는 우리나라가 배출한 반기문 유엔 사무총장이 활약하고 있습니다. 우리 정부는 인류 보편적 가치인 인권 보호와 증진을 위한 노력을 지속적으로 강화하고 있습니다. 우리나라는 2007년부터 국가인권정책기본계획을 수립하여 이를 충실히 이행해가고 있습니다. 특히 외국인 노동자 이주, 국제결혼의 증가 등으로 크게 늘어난 국내 체류 외국인이 우리 국민과 아무런 차이나 차별 없이 서로의 문화를 이해하고 존중하며 살아갈 수 있는 공동체를 만들기 위해 최선을 다하고 있습니다.

밖으로는 유엔 인권이사회 등 인권 관련 국제기구에 적극 참여하여 북한 인권 문제를 비롯한 국제 인권 문제 해결에 최선의 노력을 다하고 있습니다. 종교, 문명, 문화 간 오해와 불신에서 비롯되는 갈등과 분쟁을 예방하기 위한 지역적, 국제적 차원에서의 대화와 관용을 증진하기 위한 노력에도 적극적으로 동참하고 있습니다. 앞으로도 대한민국은 아시아 지역의 인권 선도국으로서의 자부심과 책임감을 가지고 국제 인권 분야에서의 역할을 더욱 확대해나갈 것입니다.

빈곤과 기아 문제는 오늘날의 국제 사회가 여전히 해결하지 못한 매우 어려운 과제입니다. 현재 선진국을 비롯한 많은 국가들이 풍요를 누리고 있지만, 아직도 하루 1달러 이하로 살아가는 사람들이 10억 명에 달하고 있는 현실은 우리 세대의 부끄러운 자화상이라고 생각합니다.

총리가 제56차 유엔 총회의장으로 활동할 때 2000년에 채택된 '새천년개발목표MDGs'를 달성하기 위한 노력을 많이 하였습니다. 이 '새천년개발목표'의 핵심은 바로 빈곤과 기아 퇴치로 2015년까지 전 세계 극빈층의 비율을 절반으로 줄이겠다는 것입니다. 총리는 유엔 총회의장으로서 2002년 멕시코 몬트레이에서 유엔 개발재정회의를 주관하였고 작년 말에는 몬트레이 콘센서스를 검토하기 위한 제2차 유엔 개발재정회의에 참석하여 기조연설을 한 바도 있습니다. 작년의 전 세계 식량 위기와 에너지 위기, 그리고 최근의 세계 경제 위기로 인해 '새천년개발목표' 달성 가능 여부에 대한 우려가 높아지고 있는 실정입니다. 우리나라도 '새천년개발목표' 달성을 위해 더욱 힘써나갈 것입니다.

이와 함께 공적개발원조ODA도 지속적으로 늘려나가겠습니다. 2007년에 우리나라 국민총소득GNI 대비 0.07퍼센트에 머물던 ODA를 2015년까지 0.25퍼센트 수준으로 확대해나가려고 합니다. 또 향후 3년간 총 1억 달러를 개도국 식량 증진에 지원하고, 세계식량기구WFP를 통해 개도국 농업생산성 증진과 농촌 개발을 위한 기술 협력 등의 지원도 제공할 예정입니다.

내외 귀빈 여러분, 기후 변화는 가장 시급하고 중대한 범세계적 과제입니다. 반기문 유엔사무총장은 2009년을 '유엔 기후 변화의 해' 로 지정했습니다. 기후 변화야말로 국제 사회의 절대적인 협력이 왜 필요한지를 가장 잘 보여주는 인류 공동의 과제라고 생각합니다. 그동안 국제 사회는 기후 변화에 공동으로 대처하기 위한 방안을 지속적으로 논의해왔습니다. 2012년에 시효가 끝나는 교토의정서를 계승하기 위해 기후 변화 질서에 대한 협상이 유엔기후변화협약UNFCCC의 틀 속에서 진행 중에 있습니다. 올해 12월에 코펜하겐에서 있을 유엔기후변화협약 제15차 당사국회의15th COP에서 중요한 국제적 합의 결정이 이루어져야 할 것입니다.

성공적인 기후 변화 대응 체제를 도출해내기 위해 선진국과 개도국 모두의 역할이 중요합니다. 대한민국 또한 전 세계적 기후 변화 대응 노력에 능동적으로 참여해가고 있습니다. 이명박 대통령은 작년 8 · 15 정부 수립 60주년 기념 경축사에서 '저탄소 녹색성장' 을 새로운 국가 비전으로 제시하였고, 정부는 그에 근거하여 올해 초 '녹색뉴딜정책' 을 발표하여 시행 중에 있습니다. 우리나라는 국제 무대에서 범세계적 녹색 성장 노력에 앞장서고 있습니다. 올해 초에는 총리가 공동위원장을 맡고 있는 녹색성장위원회도 출범하였습니다. 녹색성장기본법도 국회에서 심의 중에 있습니다.

지금 대한민국이 경제 위기 극복과 기후 변화 대응을 동시에 달성하기 위해 추진하고 있는 녹색 뉴딜 사업은 단기적으로 경기를 부양하는 뉴딜 정책과 장기적으로는 성장 잠재력을 키우는 녹색 성장의 합성 정책입니다. 이 사업이 성공적으로 추진되면 우리는 지금의 경제 위기를 빠르게 극복하는 한편, 위기 이후에는 탄탄히 성장할 수 있는 토대를 갖추게 될 것입니다.

기후 변화에 따른 물의 문제도 점차로 범세계적 문제로 부상하고 있습니다. 우리나라는 '4대강 살리기' 를 통해 물 문제의 근원적 해결을 시도하기 시작하였습니다. 우리나라는 기후 변화와 물의 문제를 동시에 해결하기 위해 최선을 다할 것입니다. 총리는 지난 3월 터키 이스탄불에서 열린 제5차 세계물포럼에서 물과 재해에 관한 행동 계획을 발표하였고, 지난달 중순에는 독일에서 열린 하노버 산업박람회에 동반 국가 총리 자격으로 참석하고 체코, 슬로바키아 그리고 네덜란드를 차례로 방문하였습니다. 이번에 만난 '쾰러' 독일 대통령과 '메르켈' 총리는 우리의 이러한 녹색 뉴딜 정책을 높이 평가하였습니다. '발케넨데' 네덜란드 총리도 우리 정부의 '물' 정책에 큰 관심과 지지를 보였습니다. 이처럼 우리 대한민국은 지금의 경제 위기를 극복하고 더 나은 미래를 열어가기 위해 세계와 함께 노력할 것입니다.

내외 귀빈 여러분, 이번 세계시민포럼의 주제는 '우리의 아름다운 지구 행성을 향하여' 라고 알고 있습니다. 더욱 아름다운 지구, 더 나은 세계를 위한 일에 나와 남이 따로 있을 수 없습니다. 전 세계 모든 국가, 그리고 국제기구, 시민 사회, 어른 아이 할 것 없이 모두가 지혜를 모으고 함께 협력해가야 합니다. 이를 위해 오늘 출범하는 세계시민포럼이 앞으로 큰 역할을 해주실 것으로 기대합니다.

대한민국의 오월은 참으로 아름답습니다. 신록과 꽃들이 어우러진 푸른 계절에 서울을 찾으신 여러분께서 인류의 밝은 내일을 열어갈 탁월한 혜안을 펼쳐주시기를 바랍니다. 다시 한 번 세계시민포럼의 개막을 축하하며, 여러분의 건강과 행복을 기원합니다.

대단히 감사합니다.

지구화에서 전 지구적 위기로: 교육의 중요한 역할

한스 도빌 *

한승수 국무총리 각하, 조인원 경희대학교 총장님, 유엔 사무차장 샤 주캉 님, 김여수 미래문명원 원장님, 여러 대학 총장님과 학장님들, 신사 숙녀 여러분. 먼저 저에게 친절한 초청장을 보내주신 경희대학교, 유네스코의 오랜 동료이신 김여수 교수님, 그리고 여기 샤 주캉 사무차장이 대표하고 계신 유엔 경제사회국 등 이번 2009년 세계시민포럼의 공동 주최자들께 감사드리고자 합니다.

유감스럽게도 오늘 마쓰우라 고이치로 유네스코 사무총장님께서 이 자리에 참석하지 못하셔서 제가 대신 연설을 하게 되었습니다만, 연설에 앞

---

* 유네스코 전략기획국 사무총장보

서 사무총장님의 진심 어린 인사 말씀을 전하고자 합니다. 마쓰우라 사무총장님은 이 포럼을 조직하신 분들의 시의적절한 솔선력을 격찬하셨습니다.

대학, 시민 사회와 기업 행위자들, 정부와 국제기구들 간의 시민적 가치 및 협력을 통해 아름다운 지구행성을 건설하는 것은 유네스코의 심장—그리고 뇌—과 그 위임 명령에 매우 가깝습니다. 유엔 헌장과 유네스코 헌장은 모든 회원국으로 하여금 바로 이 시민사회포럼이 지지하고 고양하는 인간적 이상들을 향한 국제 협력에 종사하도록 권고하고 있습니다. 평화, 지속 가능한 발전, 형평성, 연대, 이해, 포용, 그리고 관용 등과 같은 보편적인 가치들을 추구하는 것보다 더 고귀한 대의는 없습니다.

이러한 가치들의 핵심은 '새천년개발목표' 8개 항에 구체화되어 있습니다. 이 목표들은 모든 이해 당사자들에게 공통의 준거가 돼왔습니다. 2015년까지 빈곤을 반으로 줄일 것을 목표로 하는 '새천년개발목표 1'은 인도주의적 소명을 명확히 구체화하고 있습니다. 현재의 금융 위기는 최근에 어렵게 획득된 이익들을 원점으로 돌리려 위협하고 있으며, 새천년개발목표의 성과를 위태롭게 하고 있습니다. 만일 합의된 국제 개발 목표들이 충족되려면 이 위기가 사회 부문들을 그 핵심에서 격하하도록 내버려둬서는 안 됩니다. 앞으로 35년 안에 아프리카의 인구가 두 배로 증가할 것으로 예측되는 가운데 현재 빈곤 감소 노력에 들이는 투자를 삭감하는 것은 사회적 재앙을 더 악화시킬 것입니다. 명확한 사실은 세계 인구의 약 절반에 해당하는 30억 명 이상이 하루에 2달러 50센트 이하의 생계비로 살고 있듯이 빈곤은 여전히 편재해 있다는 것입니다.

그럼에도 오늘날 공공의 관심, 그리고 무엇보다도 자원들은 지금 전개되고 있는 금융적 · 경제적 · 사회적, 그리고 실로 인간적 위기에 의해 약화되고 있는 것으로 보입니다. 비록 외양상 부지불식간의 일일지라도 이처럼 위험스러운 곤경 속에서 대체 어찌 된 일일까요? 이것은 대학에서 윤리적 교훈과 원칙들을 전하고 성찰하는 데 실패했기 때문입니다. 따라서 이것은 윤리를 가르치고 반성하고 연구하는 오래된 학문 분야의 재설치에 우선순위를 두어야 한다는 것을 시사합니다.

그러나 더 일반적으로, 21세기로 들어선 지 10년이 되는 지금 인류는 복잡하고 상호 연쇄적인 발전 및 환경 문제들에 직면해 있습니다. 대부분이 문제들은 지속 불가능한 사회와 사회적 관행들로 귀결돼온, 시대에 뒤떨어진 가치와 관행들에 의해 야기되고 있습니다. 우리는 이 상황을 역전시킬 수 있는 지식을 갖고 있습니다. 하지만 우리는 변화를 위한 우리의 잠재력을 이용하고, 긍정적인 행동을 위해 모든 기회를 활용할 수 있는 적절한 수준의 집단적 의식, 민감성 및 동원력을 갖지 못했습니다. 여러 접근법들과 프로그램들을 비판적으로 재검토해야 하는 대학들도, 국제기구들도, 그리고 지금까지 잘못돼온 것을 균형 잡거나 다시 균형 잡기 위해 강력한 목소리를 찾아야 하는 시민 사회도 똑같은 형편입니다.

고삐 풀린 시장 경제의 힘을 과도하게 믿었던 데서 비롯된, 생존을 위협하는 위기의 재발을 막기 위해서는 우리 모두가 정책에 적합한 윤리적 성찰에 더 관여해야 합니다. 이러한 윤리적 고려를 고찰하기 위해 유네스코는 철학적 성찰과 특히 생명 윤리 분야에서 과학기술의 윤리를 다루는 프로그램들을 추진하면서 매우 훌륭하게 자리매김하고 있습니다. 이 분야에는 행동 비용이 거의 들지 않지만 통찰력, 지적 진실성, 공감, 도덕적인 포용과 심오한 전문성이 요구됩니다.

우리는 또한 대학이라는 신성화된 경계 안에서 일고 있는 고등 교육 민영화의 확대라는 새로운 추세에 주의를 기울여야 하며, 특히 고등 교육이 지금까지 사실상의 정부 독점 영역이었던 개발도상국의 민영화 추세를 경계해야 합니다.

교육 분야에서 배가된 노력 없이는, 그리고 가치에 대한 그만큼 강한 강조 없이는 아름다운 지구행성이란 있을 수 없다는 점을 분명히 합시다. 교육은 가치와 지식을 전하는 가장 중요하고 효과적인 수단입니다. 그것은 최상의 부드러운 권력을 대표합니다. 대학의 역사적 역할 중 하나가 인간성 교육을 나타내듯이 지식은 인간성 개념에 깊이 뿌리 박혀 있습니다. 게다가 우리가 연구와 과학적 약진 및 혁신 없이도 전 지구적 녹색 경제를 재발명할 수 있으리라고는 상상하기 어렵습니다. 따라서 고등 교육과 연구는 어떤 교육 제도에서든 주축입니다.

교육은 인권이며, 인간 잠재력의 완전한 개발에 필수 요소입니다. 사실 교육은 발전의 필수 요소입니다. 몇몇 연구들에 의하면 2015년까지 만인을 위한 질적인 교육이 진전을 이룰 것이라고 내다보지만, 많은 국가가 여전히 그들의 목표에 한참 뒤져 있습니다. 7,500만의 아동들이 미취학 상태이고, 7억 7,600만의 성인들이 문맹이며, 그들 대부분은 소녀와 여성들입니다. 이러한 상황은 도저히 용납될 수 없습니다.

빈곤 감소는 인권과 인간적 존엄성의 고양, 정의롭고 평화로운 사회 건설, 그리고 자연 자원 및 환경의 지속 가능한 관리와 따로 분리될 수 없습니다. 우리는 이러한 목표들에 총체적으로 접근하는 방법을 배워야 합니다. 발전과 경제적 번영은 모든 사회 구성원들을 교육시킬 수 있는 국가의 능력에 달려 있습니다. 유네스코는 가난한 사람들, 여성 및 소녀들, 소외된 사람들, 주변부 사람들, 그리고 특히 아프리카에서 특별한 도움이 필요한 사람들에게 교육의 혜택을 베푸는 데 힘을 기울이고 있습니다. 혁신적인 사회는 사람들로 하여금 변화를 받아들이고 그것에 적응할 뿐만 아니라 변화를 관리하고 영향을 미치며 추진할 수 있도록 준비시킵니다.

우리는 또한 교육이 더 본질적인 기능과 사회적 가치를 갖고 있음을 잊지 말아야 합니다. 교육은 문화를 풍요롭게 하고, 상호 이해를 만들며, 평화로운 사회와 평화의 문화를 떠받칩니다. 우리는 모든 교육 수준에서 문화 간의 도전 문제를 다룰 필요가 있다는 점을 유네스코에서 확신하게 됩니다. 유네스코 헌장 전문에는 "전쟁은 인간의 마음에서 시작되므로 평화 수호가 구축되어야 할 곳은 바로 인간의 마음이다"라고 명시돼 있습니다. 새로운 도전을 앞에 두고 새로운 종류의 수호가 인간의 마음속에 구축돼야 합니다. 이것은 대학 내부와 대학 간, 그리고 다른 이해 당사자들 간 새로운 형태의 교환 프로그램 및 협력 메커니즘을 통해 이뤄질 수 있습니다. 정치적, 경제적 요인들에만 배타적으로 기반을 둔 안정은 세계인들로부터 합의된 지속적이며 진지한 지지를 얻기에 충분치 못합니다. 안정은 지적, 도덕적 연대 위에 세워져야 합니다.

금융 위기가 일어나면서 지난날 교육 분야를 떠받쳐왔던 추동력이 위협 을 받게 되었다는 점은 당황스럽습니다. 식량, 에너지, 기후 변화 등 현재의 다른 위기들과 뒤섞이면서 우리는 지속 가능하고 포용적인 사회로 나아가는 길 위에서 큰 장애물들과 마주치게 될 수도 있습니다. 이 위기는 더 인도주의적이며 살 만한 지구를 향한 우리의 노력을 망쳐놓을 수도 있지만, 반면에 그 같은 지구를 건설하려는 우리의 조심스러운 지금까지의 노력을 강화하고 배가할 수 있는 기회가 될 수도 있습니다. 한국이 회원국이기도 한 유네스코 집행이사회는 지난주에 교육에 대한 현 위기의 효과에 대해 논의했습니다. 집행위원회 회원국들은 이 위기가 교육에 대한 공적 지출이나 교육 분야의 국제 원조를 삭감하는 구실로 사용되지 말아야 한다는 점을 강조했습니다. 유네스코는 각국 정부에 그들 국민총생산의 최소한 6%를 교육에 투자하라고 요청해왔습니다. 유엔 체제의 산하 기구들은 각국 정부들에 조정된 전략적 권고를 내릴 지위를 갖고 있으며, 그럼으로써 유엔 기구들은 장기적이며 지속 가능한 세계 경제 회복을 위한 토대를 놓을 수 있습니다.

한편으로는 금융 체제의 개혁과 구제의 중요성이 이미 많이 역설되었지만, 그것만으로 세계를 위기에서 벗어나게 하기에는 충분치 못합니다. 이와 더불어 모든 사회 서비스 분야들과 사람들—특히 현재의 위기를 정면에서 맞게 될 세계의 극빈자들, 여성과 극단적 취약자들—에 대한 투자가 있어야 합니다. 사회적 서비스와 전 지구적인 공공재에 대한 투자는 자선이 아니라 우리의 공통된 미래에 대한 투자입니다. 달리 말하자면, 각국 정부는 위기에서 벗어나 투자하려고 노력해야 합니다. 그중 하나로서 교육에 대한 투자는 한 나라가 할 수 있는 가장 현명한 투자 중 하나이며 이 점에서 한국은 전 지구적인 성공 사례 중 하나입니다. 교육 투자는 빈곤을 줄이고 건강을 증진하는 것부터 민주주의를 강화하고 경제적 경쟁력을 추진하는 것에 이르기까지, 전반에 걸쳐 긍정적 이익을 가져올 것입니다. 여러 연구에 따르면 학교 교육 기간이 1년씩 증가할 때마다 일인당 GDP가 4~6%씩 증가합니다. 경기 순환에 반하는 교육에 대한 자원 투여는 경기 회복을 촉진하는 데 도움이 될 뿐만 아니라 미래의 활기찬 성장을 부양할 것입니다.

위기에 맞서기 위해 많은 산업 국가들과 신흥개발국가들이 재정적 경기 부양 종합 대책에 착수하기로 결정했으나, 이는 개발도상국들 능력의 한계를 벗어난 것입니다. 교육에 대한 이러한 부양 대책의 시행 사례를 분석한 일은 지금까지 거의 없었습니다. 여기서 미국의 예를 잠시 검토해보겠습니다. 미국은 경기 회복 종합 대책에 교육을 위한 자금 1,050억 달러를 포함시켰습니다. 이 자금으로 학교를 세우거나 교사들의 일자리를 지켜준다면 경제에 즉각적인 불을 피울 것입니다. 또한 불평등을 겨냥하고, 생활수준과 기술의 향상을 밀어붙이고, 고등 교육 비용을 감당할 만한 수준으로 유지함으로써 더 강한 사회와 더 탄력 있는 경제를 위한 토대를 닦고 있습니다. 또한 문화와 문화 기관에도 자금이 제공되며, 국가 발전에 있어 중요하지만 종종 잊히는 문화의 역할을 강조하고 있습니다. 일반적으로 지적인 대화와 이해를 증진하는 일과 더불어 세계의 문화적 다양성 및 유산의 보존을 강화하는 일은 우리 시대에 너무도 중요합니다.

그러나 개발도상국의 허약한 재정적 능력으로 얼마만큼 자국 국민을 위기로부터 단련시킬 수 있을지 알 수 없습니다. 과거의 경제 위기들은 통상적으로 개발 원조의 경우와 마찬가지로 국가 예산 배분에 있어 교육을 포함한 기초적 사회 서비스에 중대한 감축으로 귀결되었습니다. 특히 개발도상국들에서 한결같이 교육 재원의 감소로 이어졌습니다. 학교 교육 비용을 부담하는 가구들의 능력 감소는 아동, 특히 소녀들의 학교 자퇴와 더 어린 아동들의 취학 지체를 가져왔습니다. 고등 교육에 있어서는 일자리 상실과 취업 기회 부족으로 인해 중등 및 고등 교육에 대한 수요가 증가하고 있으며, 이것은 선진국과 개발도상국들 모두에게 공통된 현상입니다.

원조가 증가하면 재정적 압박을 줄이는 데 도움이 될 수 있습니다만, 개발 원조 예산 자체가 점점 더 큰 압박을 받고 있습니다. 국제 원조에 대한 별도의 노력을 요청하는 것은 논리적인(그리고 인도주의적인) 정언 명령입니다. 세계의 가장 가난한 국가들은 가장 부유한 국가들에서 초래된 위기로부터 보호받아야 마땅합니다. 저소득 국가들이 여섯 가지의 교육 목표를 달성하도록 원조하는 데는 세계적으로 단지 70억 달러가 필요할 뿐입니다. 2008년 마지막 4분기 이후 금융 체제에만 쏟아 부은 돈이 수백억(비록 수조는 아닐지라도) 달러라는 점과 비교해보십시오. 이것은 명백한 역설입니다.

마쓰우라 유네스코 사무총장님께서 런던 정상회의에 앞서 G20 국가 지도자들에게 보낸 서한의 내용을 여러분들과 함께 나누고자 합니다. “유네스코로서는 지속 가능한 발전을 가능케 하고 탄탄한 경제의 초석이 되는 사회 부문들에서 노력하도록 요청받고 있습니다. 그러나 이들은 종종 경제 침체 시에 가장 먼저 타격을 받는 부문들입니다. 교육을 받고, 과학의 발전을 공유하고, 문화생활에 참여하고, 자기 자신을 자유롭게 표현하는 것—이러한 것들은 모든 시대에 모든 사람들이 누려야 하는 인권입니다. 더욱 중요하게도 이 권리들은 진정한 자유와 번영이 놓여 있는 토대입니다. 우리가 더 강하고, 더 공평하고, 더 단결된 사회를 키우고자 한다면 우리가 시작해야 할 곳은 바로 이곳입니다."

교육은 장기적 투자입니다. 교육은 평생에 걸친 이익을 가져오고 개인적으로나 사회적으로 높은 수익을 낳습니다. 따라서 현재 수준의 교육을 지키고 유지하는 것만이 아니라 더 야심 찬 것, 즉 성장에 박차를 가하고 장기적으로 더 포괄적이며 지속 가능한 발전을 지탱하는 방식으로 교육에 더 많이 투자하고 지출해야 합니다.

이런 맥락에서 고등 교육에 초점을 맞추는 것, 즉 '고등 교육의 전 지구적 책임'에 관해, 그리고 고등 교육 분야와의 관계에 있어 우리의 책임에 관해 논의하는 것은 시의적절합니다. 고등 교육을 위한 기관들은 한 나라의 적응력과 경제적, 사회적 발전의 중요한 촉매제입니다. 고등 교육의 질은 과학적 발견, 혁신 및 탐구를 직접적으로 결정합니다. 고등 교육 기관들 간의 경쟁은 개별 국가 내에서 또는 몇몇 선택된 국가들 간에 혁신과 변화의 강력한 추동력으로 여전히 남아 있지만, 그러한 경쟁은 학문적 관심의 전 지구화가 증대된 결과 지금 점점 더, 그리고 전 지구적 규모로 일어나고 있습니다. 지구화는 유네스코와 같은 국제기관들의 고무와 지지에 힘입어 고등 교육 기관, 정부, 사적 산업, 다자기구들 및 시민 사회 간에 더 큰 국제적 협력을 가져왔습니다. 이러한 노력들은 점점 더 엄청나게 벌어지는 '연구 격차research divide'를 극복하기 위해 시작되었습니다. 유네스코는 세계 전역에 걸쳐 연구 역량을 강화하는 촉매제로서 이 분야에서 탁월한 센터들을 수립하고자 다양한 이해 당사자들과 협력해왔습니다. 대학들로서는 과학 분과 학문 전 영역에 걸쳐, 특히 개발도상국들을 비롯한 다른 국가들의 대학들과 함께 짝을 이루어 프로젝트를 추진할 수 있습니다. G20 국가 지도자들은 런던 정상회의 성명에서 '포괄적인 녹색의 지속 가능한 회복inclusive, green and sustainable recovery'을 기꺼이 추구할 의사를 표명했습니다. 그들은 또한 유엔이 제안한 '세계녹색경제전략Global Green Economy Initiative'에 완전히 부합하는 녹색 경제로의 전환을 가속화하기로 동의했습니다. 이것은 사적 부문의 연구와 더불어 고등 교육 및 연구 기관들의 기여를 필요로 할 것입니다.

따라서 경제를 부양하는 조치들은 좀 더 환경 친화적인 저탄소 성장과 '녹색 경제' 출현을 지원하는 정책들과 함께 시행돼야 합니다. 이와 관련하여, 지금껏 관심을 제대로 받지 못한 이슈 하나는 과학 및 혁신에 대한 지속적인 투자의 중요성입니다. 우리가 새로운 일자리와 새로운 기술을 창출할 수 있는 것은 오로지 혁신과 교육 및 지식을 통해서입니다. 우리는 녹색 기술에 대한 지출을 증대함과 동시에 개발도상국들이 기후 변화에 대해 더 잘 이해하고 더 잘 해결하기 위한 연구를 추진할 수 있도록 능력을 강화할 필요가 있습니다.

유네스코는 강력한 과학 정책을 발전시키고 혁신을 주도할 수 있는 인간적, 제도적 능력을 강화하기 위해 특히 아프리카에서 이미 많은 나라와 협력하고 있습니다. 이들 분야에 대한 투자가 즉각적인 수익을 가져오지 못할 수 있지만, 투자 삭감은 장기적인 경쟁력과 환경 안보의 관점에서 막대한 손실을 초래할 것입니다. 기후 변화에 대처하기 위해서는 더 나은 기술과 더 강력한 규제 혹은 더 큰 능력을 개발하는 것만으로는 충분치 못합니다. 이와 더불어 우리는 사람들, 특히 젊은 세대들의 태도와 행태를 가르치고 변화시켜야 하며, 이것은 시간과 노력을 필요로 합니다. 이를 위해 모든 교육 수준에서 '지속가능발전교육ESD' 이 중요합니다. '유엔 지속가능발전교육 10년' 의 주도적 기관으로서 유네스코가 추진하는 핵심 과제들 중 하나는 이해 당사자들의 역량을 강화하고, 회원국들에 지속 가능한 발전의 원리와 가치 및 기술을 그들의 교육 정책과 계획 및 프로그램들과 통합하는 것을 장려하고 개선하도록 권고하는 것입니다.

아마도 고등 교육과 고등 교육 기관의 가장 중요한 역할 중 하나는 포괄적 지식 사회 건설에 대한 기여일 것입니다. 현재 전 지구적 역동성의 주요 위험 중 하나는 '불평등 위기' 라고 부를 만한 것입니다. 지금 지식과 정보에 접근할 수 있는 사람들과 그렇지 못한 사람들 사이의 격차가 점점 더 커지고 있습니다. 앞서 언급된 '지식 격차'는 국가들 사이에서, 그리고 국가 내에서 널리 퍼지고 있으며, 지식과 정보의 권한을 부여받은 사람들과 소외된 주변부 사람들을 갈라놓고 있습니다. 고등 교육 기관은 특정한 임무를 명시적으로 할당받아야 합니다. 구체적으로 지식을 생산하고 전파하며 향상시키는 것, 교사들을 훈련하는 것, 그리고 지식을 사회 일반에 전달하고 지식을 대중화하는 것입니다. 고등 교육 기관은 대화와 논의 및 의견 교환을 위한 최소한의 장소가 아닙니다. 새로운 고등 교육 기관들은 그 자체로 지식의 생산과 전파, 향상에 기여할 뿐 아니라 전 지구적 시민권과 평화의 문화를 위한 교육에 기여합니다.

역설적이게도 국제적인 지역 네트워크를 통한 연구 및 고등 교육 활동의 조직은 개발도상국에게 지금 형성되고 있는 새로운 국제적 구조에 기여하고 참여할 수 있는 기회를 제공합니다. 개발도상국에는 앞으로 수립되고 발전될 대학 네트워크에 참여할 수 있는 기회의 창이 열려 있습니다. 네트워킹은 개발도상국이 거대한 투자나 대출을 기다리거나 확보하지 않고도 고등 교육 제도를 수립하거나 고등 교육의 질을 향상시킬 수 있도록 해줍니다.

또 하나의 가능성은 학술 네트워크 형태로 조직된, 급속히 확산되고 있는 새로운 공통 학문 공동체의 출현입니다. 직업, 지식 및 분과 학문들의 확대와 다양화는 위계 구조를 네트워크 계열에 따라 조직된 탈집중화된 구조로 대체할 수 있게 해줍니다. 이런 유형의 네트워크 조직은 선진국과 개발도상국 모두의 기관 안에서 발달하기 시작했습니다. 대학 기관에 충분히 투자하지 못했던 개발도상국은 다음 세대의 학술 기관의 진화가 예상되는 이러한 네트워크 조직에 대해 고려해야 합니다. 특히 전 지구적 금융 위기 상황에서 그러한 네트워크 비용이 거대한 대학 시설들에 요구되는 비용보다 훨씬 더 적기 때문입니다.

앞으로 개최될 두 차례의 유네스코 세계 회의, 2009년 5월 19일부터 22일까지 브라질의 벨렘에서 '실현 가능한 미래를 위한 삶과 학습: 성인 학습의 힘' 이라는 주제로 열리는 제6차 세계성인교육회의와 2009년 7월 5일부터 8일까지 파리 유네스코 본부에서 '고등 교육의 새로운 역동성' 이라는 주제로 열리는 세계고등교육회의에서 이러한 이슈들과 그 밖의 이슈들이 논의될 것입니다.

경청해주신 여러분께 감사드립니다.

인류 보편의 가치 회복을 기대하며

홍석현 *

한승수 국무총리님, 샤 주캉 유엔 사무차장님, 조인원 경희대학교 총장님, 멀리서 오신 석학과 신사 숙녀 여러분, 역사적인 세계시민포럼의 출범과 2009년 서울 회의 개막을 진심으로 축하합니다.

오늘, 21세기의 시점에서 인류가 쌓은 근대 문명의 업적을 되돌아보면 우리는 놀라운 아이러니를 발견하게 됩니다. 그것은 다름 아닌 과학기술의 아이러니입니다. 갈릴레이나 뉴턴 이후 수많은 천재들이 이룩한 과학기술의 발견, 발명, 발전은 그들이 상상도 하지 못했을 만큼 인류의 삶을 풍요롭고 편리하게 만들었습니다. 그들의 과학기술 혁명은 우리들에게

* 중앙일보 회장

호모 파베르Homo Faber(工作人間)의 지위를 부여했습니다. 로마의 개혁정치가 카이쿠스Appius Claudius Caecus부터 마르크스Karl Marx와 아렌트 Hanna Arendt 같은 정치사상가에 이르는 최고 지성들Intellectuals은 호모 파베르를, 도구를 사용해서 환경을 통제할 줄 아는 인간으로 정의했습니다.

그러나 우리 인류는 지금 과학기술 문명의 성공이 가져온 각종 재앙으로 신음하고 있습니다. 인간을 배려하지 않은 발전이었기 때문일 것입니다. 지구 온난화로 인한 기후 변화, 중국 북서부와 아프리카의 방대한 땅에서 진행되는 사막화, 자주 삶의 보금자리를 파괴하는 태풍과 쓰나미, 바다 수면의 상승으로 인한 국토의 유실이 가장 가시적인 사례들입니다. 이런 현상은 인류가 이룩한 과도한 성공에 대한 자연의 복수라는 무서운 생각도 하게 됩니다.

대량 살상 무기는 과학기술이 가져온 가장 직접적인 위협입니다. 여러분들이 잘 아시는 대로 한국은 남북으로 분단되어 있습니다. 지금 여러분들이 앉아 계신 이 회의실에서 북으로 불과 50킬로미터 떨어진 거리에 남북한의 군사분계선DMZ이 있습니다. 북한은 핵무기를 개발하고 있습니다. 북한의 핵무기는 동북아시아와 미국의 안보에 심각한 위협이 될 것입니다.

호모 파베르의 자격을 얻은 인간들은 과학기술을 이용하면 불가능한 것이 없다는 오만한 생각을 갖기에 이르렀습니다. 이런 생각은 인간의 내부에 끝없는 탐욕의 씨를 뿌렸습니다. 과학기술의 지역적 불균형Technical divide은 지구촌을 다수의 빈민층과 소수의 부유층으로 갈라놓았습니다. 남을 배려하는 인도주의, 나와의 차이difference를 인정하는 관용은 설 땅을 잃었습니다. 세계의 빈민 지대는 도덕적 허무주의의 온상이 되어갑니다. 빈민 지대의 허무주의가 배출한 과격한 종교적인 원리주의자들은 세계의 도처에서 테러를 자행하고 있습니다. 인간의 탐욕이 낳은 최신판latest 사생아가 뉴욕발 글로벌 금융 경제 위기라고 생각합니다.

우리가 직면한 이런 글로벌 위기의 특징은 무엇입니까? 저는 두 가지의 특징을 들고 싶습니다. 하나는 그것이 어떤 위대한 지도자라도, 어떤 부강한 나라라도 혼자의 힘으로는 해결할 수 없는 성격의 위기라는 것입니다. 이런 인식 아래 열린 것이 런던 G20 회의였습니다. 그러나 G20만으로 지금의 경제 위기가 해결될 수 있을까요? 저는 저기 앉아 계시는 미국 예일대학의 저명한 역사학자 폴 케네디 교수께서 4월 2일자 〈IHT〉에 기고한 글을 읽고 그의 깊은 통찰력에 큰 감명을 받았습니다.

케네디 교수는 카를 마르크스를 인용하여 지금의 경제 위기의 저변에 흐르는 경제지각판Economic tectonic plates의 이동을 고려하지 않고는 경제 위기를 해결할 수 없을 것이라고 경고했습니다. 그는 경제의 지각판이 구미에서 경제적으로 성공한 다른 지역으로 옮겨가고 있다고 말했습니다. 케네디 교수의 글을 읽고 저는 G20 같은 부유한 나라들이 경제 위기 해결을 주도하는 것은 필요조건일 뿐 충분조건은 아니라는 평소의 생각에 확신을 가지게 되었습니다.

충분조건은 무엇입니까? 그것은 G20에 들지 않은 지구촌 모든 국가들의 참여라고 생각합니다. 위기 해결에 경제적인 중심부center와 주변부periphery를 구별할 수 없습니다. 동양과 서양의 협력, 선진국과 후진국의 협력이 필요불가결합니다.

이번 경제 위기의 다른 하나의 특징은 그 해결이 인도주의에 대한 진지한 고려를 요구한다는 것입니다. 지금 우리 앞에서 전개되는 현상들은 인간적인 요소, 인간에 대한 배려와 타자에 대한 관용이 빠진 과학기술의 발전과 경제 성장은 조만간 불행한 반동backlash을 불러오게 된다는 것을 보여주고 있습니다.

세계시민포럼이 인도주의적 가치의 이행을 인류의 최우선의 과제로 보고 인도주의적 실천에 대한 통합적인 시도를 논의하기로 한 것은 참으로 적절한 결정이라고 생각합니다. 인도주의적 가치라는 큰 그릇만이 시민의 가치, 시민의 참여, 시민의 행동을 담아낼 수 있을 것입니다.

지금 인류는 인간성이 메말라가고 천연자원이 급속히 고갈되어가는 위기의 지구 위에 살고 있습니다. 인류는 두 갈래의 기로에 섰습니다. 한 갈래는 인도주의적인 화합의 세계를 지향하는 새로운 문명의 길입니다. 그것이 하나뿐인 지구 재생의 길이요 인간성 회복의 길입니다.

다른 한 갈래는 무력 분쟁을 동반한 국가 간, 민족 간 배타적인 권력 투쟁과 자원 쟁탈전의 길입니다. 이것은 인간 상실의 길입니다. 인간에 대한 배려를 통한 인간성 회복 없이 국제 분쟁과 인종 분쟁의 해결과 테러의 종식은 기대할 수 없습니다. 인류가 어떤 선택을 해야 하는가는 분명합니다. 세계시민포럼이 지향하는 문명의 길이야말로 인간성 회복과 지구 재생의 길입니다.

인도주의적 세계는 이상은 숭고해도 실천은 어렵습니다. 나라에 따라, 개인에 따라, 전문가에 따라 인도주의적 세계에 대한 정의부터 관련 당사자의 수만큼 다양할 것입니다. 그러나 건설적인 결론은 다양한 견해의 접촉과 충돌에서만 나올 수 있습니다. 차이를 걱정할 필요가 없습니다. 차이는 합의의 전제가 아닙니까.

우리는 후손들에게 어떤 세계를 물려주기를 원합니까? 자유, 평등, 정의, 인간 존엄성 같은 인류 보편의 가치가 물질적 탐닉에 희생된 세계는 아닐 것입니다. 이런 인류 보편의 가치 회복을 정치 지도자들에게 기대할 수 있습니까? 그러기에는 이것은 너무 중대한 과제라는 것을 알기 때문에 여러분이 이 자리에 모였습니다. 지구촌 구석구석의 모든 이해 당사자들이 지혜를 모아야 합니다. 우리는 우리가 지켜야 할 가치가 무엇인가에 대해서 합의를 보려고 이 자리에 모였습니다.

자연Mother Nature은 인류에게 가혹한 청구서bill를 보내고 있습니다. 우리들 인류에게 시간이 많이 남아 있지 않습니다. 여러분이 앞으로 나흘 동안 상상 가능한 모든 아이디어를 테이블 위에 올려놓고 기탄없이 의견을 나눈다면 이번 회의는 당면한 글로벌한 도전을 해결할 청사진을 제시할 수 있을 것입니다. 나아가 장기적으로 살기 좋은 지구행성을 실현하는 데 필요한 새로운 규범norm과 새로운 글로벌 거버넌스Global governance의 비전을 제안할 수 있을 것입니다.

인류의 아름다운 미래를 위해서 여러분의 행운을 빕니다. 감사합니다.

World Civic Forum 2009 프로그램

세계시민포럼 (WCF)

평화, 인류 복지, 지구 정의는 인류 모두의 염원이며, 보다 나은 미래를 갈망하는 세계시민 모두가 성취하려는 보편적 목표이자 기본적 권리이다. 고등 교육 기관, 국제기구, 시민 사회 단체, 정부, 기업 그리고 언론 등으로 구성된 '세계시민포럼World Civic Forum'은 21세기 인류 모두가 공유하고 있는 이와 같은 목표를 실현하기 위한 지구적 차원의 논의와 실천의 장이 될 것이다. 향후 격년제로 개최될 WCF는 제1차 포럼을 2009년 대한민국 서울에서 개최한다. 유엔 경제사회국과 경희대학교가 공동 주최한 WCF 2009는 '우리의 아름다운 지구행성을 향하여Building Our Humanitarian Planet'를 대주제로, '지구 정의 구현을 위한 시민 가치Civic Values for Global Justice,' '글로벌 거버넌스와 시민 참여Civic Engagement in Public and Global Governance,' '기후 변화 등 지구적 현안 해결을 위한 시민 행동Civic Action for Global Agenda, including Climate Change'을 주요 의제로 설정했다.

개최 시기 2009년 5월 5일 ~ 5월 8일

개최 장소 대한민국 서울 코엑스

대주제 우리의 아름다운 지구행성을 향하여
(Building Our Humanitarian Planet)

주요 의제

지구 정의 구현을 위한 시민 가치

글로벌 거버넌스와 시민 참여

기후 변화를 비롯한 세계 현안들을 해결하기 위한 시민 행동

프로그램

시간	5월 5일 (화)	5월 6일 (수)			5월 7일 (목)	5월 8일 (금)
08:30	등록	등록			등록	등록
09:00					분과회의 3	분과회의 7
09:30		주제별 총회의 1	주제별 총회의 2	주제별 총회의 3		
10:00	개막식				Coffee Break	Coffee Break
10:30					분과회의 4	분과회의 8
11:00						
11:30						
12:00	점심시간	점심시간			점심시간	폐회식
12:30						
13:00						
13:30		분과회의 1			분과회의 5	
14:00	미래대학 라운드테이블					
14:30						
15:00		Coffee Break			Coffee Break	
15:30	Coffee Break	분과회의 2			분과회의 6	
16:00	총회의					
16:30						
17:00						
17:30						
18:00						
18:30						

BUILDING OUR HUMANITARIAN PLANET

WORLD CIVIC FO

May 5

Opening Ceremony
10:00-12:00 Auditorium (3F)

Roundtable on the Future of Universities
14:00-15:30 Auditorium (3F)

Plenary Session
Building Our Humanitarian Planet
16:00-18:30 Auditorium (3F)

May 6

Thematic Session 1
Civic Values for Global Justice
09:00-12:00 #101-102, Grand Ballroom

Thematic Session 2
Civic Engagement in Public and Global Governance
09:00-12:00 #103, Grand Ballroom

Thematic Session 3
Civic Action for Global Agenda Including Clinate Change
09:00-12:00 #104-105, Grand Ballroom

May 8

Closing Ceremony
12:00-13:30 #103, Grand Ballroom

UNDESA Sessions

Institutional Partner Sessions

Sessions on Key Issues
- I01: Economic Prosperity and Equality
- I02: Human Rights Issues and Human Security
- I04: Millennium Development Goals (MDGs)
- I07: Higher Education for Humane Purposes and Social Responsibility
- I03: Climate Change (Global Warming)
- I10: Environmental Protection and Sustainable Development
- I05: Global Peace and Global Governance
- I08: Political Development and Political Stability
- I09: Global Justice and Social Harmony
- I06: Cultural Diversity and Tolerance
- I11: Crisis Management such as Post-Conflict and Disaster
- I12: Public Administration

Conference Center (3F)	May 6		
	13:30-15:00 (S1)	15:30-17:00 (S2)	08:30-10:00 (S3)
310A	S1-P08-1 **Woodrow Wilson School, Princeton University** Global Governance and World Civil Society		S3-P01-1 **AICESIS** Welcome and Opening Staten
310B 310C	S1-U01-1 **UNDESA EGM (13:35-15:45)** • The Current Climate Change Governance Framework • Promoting a Multi-Stakeholder Engagement in Climate Change • Citizens Participation in Technology Transfer and Development Processes		S3-U01-2 **UNDESA EGM** • Corporate Responsibility an • Multilateral Institutions: Link • Citizens Engagement in Clir A Developed Country Persp
311A	S1-I01-1 Legal-Socio-Economic Organization & Economic Development	S2-I01-2 Social Rights and Economic Equality	S3-I12-1 **Public Administration** Empowering Civil Society: The Public Administration
311B 311C	S1-U02-1 **UNDESA Workshop (13:15-16:30)** • Module 1: The Global Agenda and MDGs		S3-U02-2 **UNDESA Workshop** • Module 2: Citizen and Com Engagement anc Participation
314			S3-I07-7 (GUNTM) Education, Researc Clinical Practice *(Closed Session)*
320A	S1-I02-1 Human Rights from Economic Perspectives		S3-I09-1 Civic Engagement for Achievir Economic, Environmental, an Justice: Cases from Korea
320B 320C	S1-I04-5 Fostering Humanitarian Culture through Children	S2-I06-6 Cultural Dialogue for Multilateral Society	S3-P05-1 **Global Compact / PRME (09:00-09:45)** Welcoming Remarks
321A	S1-I03-1 Climate Change and Community: Cases for Local Governance	S2-I03-2 Climate Change and the Role of Leadership	S3-P09-1 **UNESCO** Investing Out of the Crisis anc a Green Economy through Ac the Social Domains
321B	S1-I04-1 Youth & MDGs	S2-I04-2 Legal Rules and Social Norms for MDGs	S3-P11-1 **UNWTO** Community-Based Ecotourisr
321C	S1-I05-1 Explaining Global and Peace: Theory and Implication	S2-I05-2 Global Governance and Reform Model	
330A	S1-I06-1 In Search of Intercultural Communication and Cooperation	S2-I06-2 Global Peace, Social Diversity, and Political Democracy	S3-P06-1 **INMP** New Conceptualization of Pe and Museum for Peace
330B	S1-I07-1 Higher Education, a Solution for Global Problems	S2-I07-2 Educational and Academic Programs to Mitigate Social Conflicts	S3-I07-3 Role of Higher Education for (Enhancement
330C	S1-I05-5 Oughtopianism, Global Governance and Civic Participation	S2-I08-1 Public, Community, and Society for Civic Values	S3-I08-2 Election, Democracy and Poli Stability in Southeast Asia

May 7			May 8	
10:30-12:00 (S4)	13:30-15:00 (S5)	15:30-17:00 (S6)	08:30-10:00 (S7)	10:30-12:00 (S8)
-P01-2 S Dialogue in Policy-Making to s the Financial Crisis	S5-P01-3 **AICESIS** Civil Dialogue and MDG Implementation	S6-P01-4 **AICESIS** Concluding Remarks and Closing Statements	S7-P10-1 **University of Pennsylvania** Sustainable Environmental Policy and Global Politics *(Video Conference)*	S8-P10-2
ement to Climate Change rnance:	S5-U01-3 **UNDESA EGM** • Ministerial Session: Capacity-Building for Public Administrators	S6-U01-4 **UNDESA EGM** • Integrating Climate Change into Internationally-Agreed Development Goals	S7-U01-5 **UNDESA EGM** • Knowledge Management and ICT for Citizen Engagement in Climate Change Governance • Strengthening Partnerships	S8-U01-6 **UNDESA EGM** • Positioning Citizen Engagement on the Road to Copenhagen
-I12-2 **Administration** ering Civil Society: The Role of dministration	S5-P02-1 **CIVICUS** Civil Society and Citizen Engagement for Social Justice, Within and Across Nations	S6-I09-2 Design to Empower the Global World	S7-I03-3 The Role of Government for Climate Change and Green Growth	
-U02-3 **A Workshop** le 3: Poverty and Hunger	S5-U02-4 **UNDESA Workshop** • Module 4: Health and Education	S6-U02-5 **UNDESA Workshop** • Module 5: Environmental Sustainability	S7-U02-6 **UNDESA Workshop** • Module 6: Partnerships and Networks	
-I07-8 /) Education, Research & Practice *Session)*	S5-I07-9 (GUNTM) Education, Research & Clinical Practice *(Closed Session)*		S7-I07-10 (GUNTM) Education, Research & Clinical Practice *(Closed Session)*	
-P04-1 , gagement, Decentralization al Democracy	S5-P04-2 **EROPA** Civic Engagement as an Anti-Corruption Strategy	S6-P04-3 **EROPA** Making Public Sector Reform Work through Civic Engagement	S7-I09-3 The Prospects of Social Enterprises in Korea through the Experiences of the Big Issue	S8-I09-4 Coexistence of Humanities with Citizens-the Socially Underprivileged
-P05-2 **Compact / PRME** **12:00)** g of Corporate Social sibility in the Asian Context	S5-P05-3 **Global Compact / PRME** Special Roundtable: UN Global Compact and Today's Korean Economy	S6-P05-4 **Global Compact / PRME** **(15:30-17:30)** Responsible Management Education in the Asian Context	S7-I09-5 Globalization and Inequality	S8-I06-9 Multi-Cultural Society, Tolerance and Education
			S7-I10-1 Environmental Protection and Civic Engagement: Cases and Lessons	S8-I10-2 Reestablishing Sustainable Economy
-P09-2 O g Out of the Crisis and towards Economy through Action in al Domains	S5-P07-1 **JoongAng Ilbo Institute for Civil Society and Environment** Is Civil Society a Burden or a Boost in Overcoming Global Economic Crisis?	S6-P07-2 **JoongAng Ilbo Institute for Civil Society and Environment** Overcoming Global Economic Crisis and the Role of Civil Society	S7-I11-1 Crisis Management through Humane Technologies	S8-I11-2 Human Security and Peace in South and Southeast Asia
ution Approach	S5-P11-2 **UNWTO** Achieving Civilization through Tourism: Alleviation of Poverty		S7-I04-3 Enhancing Civil Society for MDGs	S8-I04-4 Why Crossing Over Counts: How Multi-Disciplinary Approaches Leverage System Wide Success
			S7-I05-3 Globalized Network and Norm	S8-I05-4 Global Governance in Social Contexts
-P06-2 ablishment of a New Museum e in the Future	S5-I06-3 Plural Society and Plural Identities	S6-I06-7 Towards New Ground of the Multicultural Society: Focus on Korea	S7-I06-4 Multiculturalism and Intercultural Understanding: Enhancing Education Potentials for the 21st Century	S8-I06-5 Tolerance in Multilingual Malaysia
-P03-1) Multilateralism in nitarian Planet: Civic Values, ment and Action That Matter le and Communities	S5-I07-4 Toward a Broader and More Global Scope of Higher Education	S6-I07-5 Uplifting University Education for Civic Engagement		S8-I07-6 Models for Socially-Responsive Higher Education
-I05-6 sibility of Regional nental Governance in East		S6-I06-8 Multicultural Understanding Education for Multicultural Society *(Korean Only)*	S7-I08-3 Civil Society and the State from Comparative Perspectives	S8-I05-7 Border-Crossing People in Asia and the Solidarity of Asian Civil Society *(Korean Only)*

도판 목록

21세기 문턱에서

글로벌 시대의 도전과 대학

미래대학의 비전과 가치 그리고 철학

로 배우면서 공유한다. 52

〈상아탑〉 순수 학문의 전당으로서 대학은 이제 상아탑 속의 상아탑을 부수고 사회, 세계, 자연과 소통할 의무가 있다. 56

〈경희평화봉사단〉 미래대학 학생들에게는 낙후된 세계 각지에서 봉사 활동을 펼치는 사회적, 국제적 활동까지 요구된다. 연해주 고려인 마을에서 정착촌 건립을 돕는 경희평화봉사단. 58

무엇을 할 것인가

〈조언자〉 대학은 각국 정부와 국제 공동체에 더 적극적인 조언자가 돼줘야 한다. 62

〈유엔 인턴〉 일꾼으로, 나아가 지도자로 지구의 평화와 안전, 국제 우호 관계 및 국제 협력을 도모하는 유엔의 인턴사원들. 65

〈지식 저장소〉 미래대학은 지식과 정보의 저장소로서 보다 넓은 범주에서 사회 기관의 한 역할을 담당하게 될 것이다. 71

교류와 협력 그리고 소통

〈친환경 에너지〉 공해, 천연자원 고갈 등 에너지 문제가 전 지구적인 이슈로 떠올랐다. 친환경의 대체 에너지 개발이 시급하다. 77

〈캠퍼스 협약〉 미국 내 950여 개 대학의 '캠퍼스 협약'을 통해 대학의 사회 공헌을 촉진하고 있는 미국 브라운대학교와 관련 사이트. 83

〈커뮤니티〉 대학 커뮤니티는 학문적 자유와 자율성이 보장된 지적 공간에서 유엔, 유네스코, 비정부기구 등 국제 사회와 교류하는 글로벌 공간으로 거듭나야 한다. 84

세대의 벽을 넘어

〈대학 네트워킹〉 국내 190여 개 대학이 연계한다면 사회 기업을 뛰어넘는 엄청난 인적 네트워크를 형성하게 될 것이다. 오늘날 대학은 그 어느 때보다 교류와 협력이 절실해졌다. 90

〈유엔 기〉 1945년 2차 세계대전 이후 각국의 전쟁을 막고 평화로운 대화 교섭을 위해 발족된 국제연합의 공식 기. 95

미래대학을 향하여

〈세계시민 양성소〉 학문의 전당으로서 권위를 누려온 대학은 이제 국제 경험 학습의 장을 마련해야 할 뿐만 아니라 세계시민 양성소가 되어야 한다. 라파엘로의 〈아테네 학당〉. 99

〈미래대학〉 미래대학은 글로벌 이슈를 고려한 교육 과목을 적극 개설해야 한다는 시대의 요청을 받고 있다. 103

* 이 책의 사진들은 YONHAP CONTENTS와 IMAGE KOREA, 개인 저작권자의 정식 동의 절차를 거쳐 사용되었습니다.